国家自然科学基金项目"制度合法性与企业可持续发展战略关系研究"（70972127）
北京工商大学学术专著出版资助
北京工商大学青年教师科研启动基金项目"语料库视角的中国商业银行制度合法性研究"（QNJJ2012-06）

经济管理学术文库·管理类

中国商业银行
社会责任战略及绩效研究

A Research on Corporate Social Responsibility Strategy and
Performance of Chinese Commercial Banks

朱 蓉／著

图书在版编目（CIP）数据

中国商业银行社会责任战略及绩效研究/朱蓉著.—北京：经济管理出版社，2013.8
ISBN 978-7-5096-2608-5

Ⅰ.①中… Ⅱ.①朱… Ⅲ.①商业银行—社会责任—研究—中国 ②商业银行—经济绩效—研究—中国 Ⅳ.①F832.33

中国版本图书馆 CIP 数据核字（2013）第 193366 号

组稿编辑：胡　茜
责任编辑：勇　生　胡　茜
责任印制：杨国强
责任校对：张　青

出版发行：经济管理出版社
（北京市海淀区北蜂窝 8 号中雅大厦 11 层　100038）
网　　址：www.E-mp.com.cn
电　　话：(010) 51915602
印　　刷：三河市延风印装厂
经　　销：新华书店
开　　本：720mm×1000mm/16
印　　张：12
字　　数：150 千字
版　　次：2013 年 8 月第 1 版　2013 年 8 月第 1 次印刷
书　　号：ISBN 978-7-5096-2608-5
定　　价：38.00 元

·版权所有　翻印必究·
凡购本社图书，如有印装错误，由本社读者服务部负责调换。
联系地址：北京阜外月坛北小街 2 号
电话：(010) 68022974　邮编：100836

前　言

制度学派的思想在社会科学领域有着悠久、辉煌的历史，但直到20世纪70年代才开始成为组织研究的中心话题（Scott，2001），并取得丰硕成果（斯科特，2008）。制度理论在社会进程领域将人们的关注点引向组织边界外的力量（DiMaggio & Powell，1991；Scott，1995），从组织和环境的关系上开展研究，从环境决定组织行为的决定论走向互构论（斯科特，2008），即组织具有能动性，以不同策略对应制度压力（Oliver，1991）。"开放系统"理论（Scott，1987）认为组织边界是能渗透的；制度理论（DiMaggio & Powell，1991）强调组织环境的动态性不是源于技术或物质的要求，而是来自文化规范、标准、信仰和仪式。这种转变的核心是组织合法性概念（Suchman，1995），组织合法性是制度理论在组织领域的重要研究成果。由于组织合法性强调组织与环境的互动关系，与战略管理的其他理论相比较，如资源基础观认为企业核心竞争力来自企业内部资源和能力（Barney，1991），组织合法性在解释企业社会责任战略的"前因后果"方面更有优势，因为企业社会责任战略与企业运营的环境密不可分。

前人的研究较少用实证的方法从组织合法性的视角探讨企业社会责任战略的驱动因素，而事实上，获得合法性是企业实施社会责任战略、提高组织绩效的重要动力之一（Marquis，2007；Himmelstein，1997；Hoffman，1999）。本书从制度理论出发，根据Scott（1995）提出的合法性分类方法，即制度合法性包括规制合法性、规范合法性、文化—认知合法性三个方面，结合利益相关者理论，细分了我国商业银行面临的社会责任压力，分析了社会责任压力对企业社会责任战略的影响机制、企业社会责任战略对财务绩效的影响，以及社会责任战略在社会责任压力和财务绩效之间的中介作用，构建了概念模型，并进行了实证检验。

本书通过实证检验得到以下结论：（1）监管压力对企业社会责任战略有正向影响。其主要原因在于银行与监管部门存在传统的上下互动关系，制度因素通过合法性机制来影响企业社会责任战略。（2）本书将对媒体和公众的要求完成较好的银行称为高媒体和公众压力的银行，对媒体和公众的要求完成较差的银行称为低媒体和公众压力的银行，发现相对于低媒体和公众压力的银行而言，高媒体和公众压力的银行更倾向于选择社会责任战略。其主要原因在于媒体在塑造制度规范的过程中发挥作用，媒体的正面和负面报道常常引起公众的广泛关注，媒体和公众对企业施加的压力有力地促进了企业社会责任战略。（3）社会认可的压力对企业社会责任战略有正向影响。其主要原因在于社会认可作为一种无形资源推动企业在社会责任领域投入更多，而且社会认可压力也体现了企业在获得社会文化—认知合法性上的努力。（4）是否上市这一变量调节媒体和公众的压力与企业社会责任战略之间的关系。相对于非上市银行而言，上市银行面临的媒体和公众的压力和企业社会责任战略之间的正向关系较强。（5）企业社会责任压力，即监管压力、媒体和公众的压力以及社会认可的压力，对财务绩效有正向影响，而且企业社会责任战略在社会责任压力和财务绩效之间起完全中介作用。

本书的创新主要体现在：（1）结合商业银行实践，对组织合法性在规制、规范和认知三方面提出了研究变量，并给出了测量维度和具体指标。(2) 从合法性的理论视角分析了银行社会责任战略的驱动因素，即细分了银行面临的社会责任压力；分析了企业社会责任战略对财务绩效的影响，发现银行社会责任战略对财务绩效有正向影响。换言之，本书揭示了企业社会责任战略的动因和效用。(3) 研究是否上市调节媒体和公众的压力与企业社会责任战略之间的关系，探讨了在规制和规范方面如何利用媒体和公众的压力推动上市和非上市银行实施社会责任战略。(4) 根据"制度—战略—绩效"的研究范式，提出了"社会责任压力—社会责任战略—绩效"的研究框架，并检验了社会责任战略在社会责任压力和财务绩效之间的中介效应，认为组织合法性是研究社会责任战略的重要视角。

目 录

第1章 导论 1

  1.1 研究背景 1

    1.1.1 实践背景 1

    1.1.2 理论背景 2

  1.2 研究问题和研究目的 5

    1.2.1 研究问题 5

    1.2.2 研究目的 7

  1.3 研究方法和本书框架 9

    1.3.1 研究方法 9

    1.3.2 本书框架 13

  1.4 内容安排 13

  1.5 创新之处 15

第2章 文献综述 19

  2.1 制度理论的研究现状和缺口 19

    2.1.1 新制度主义思想和制度合法性 19

    2.1.2 战略研究的新支柱制度基础观 24

    2.1.3 制度要素与组织绩效间关系的研究现状 27

2.1.4 小结：现有文献对中间作用机制和制度情境的研究尚不深入 32

2.2 企业社会责任的研究现状和缺口 35

2.2.1 企业社会责任的内涵和代表性观点 35

2.2.2 企业社会责任战略的前因后果研究现状 37

2.2.3 小结：现有文献基于合法性视角的研究还不够深入 56

2.3 利益相关者理论与企业社会责任的关系研究 57

2.3.1 利益相关者与组织合法性 57

2.3.2 利益相关者与企业社会责任的关系研究 60

第3章 模型构建与假设提出 63

3.1 商业银行的社会责任压力和利益相关者压力 63

3.2 概念模型的构建 65

3.3 研究假设的提出 67

3.3.1 监管压力对企业社会责任战略的影响 67

3.3.2 媒体和公众的压力对企业社会责任战略的影响 ... 68

3.3.3 社会认可的压力对企业社会责任战略的影响 70

3.3.4 企业社会责任战略对未来财务绩效的影响 72

3.3.5 是否上市对企业社会责任压力和社会责任战略之间关系的调节作用 75

3.3.6 企业社会责任压力对财务绩效的影响是通过企业社会责任战略实现的 77

3.3.7 其他影响企业社会责任战略的因素 80

第4章 研究设计与数据收集：以我国商业银行为研究对象 83

4.1 研究对象和数据来源 83

		4.1.1 研究对象简介	83
		4.1.2 样本数据来源	87
	4.2	内容分析法	88
		4.2.1 内容分析法的概念和应用	88
		4.2.2 内容分析的编码员	90
		4.2.3 内容分析的信度	91
	4.3	组织绩效的衡量准则	92
	4.4	企业社会责任压力的测量维度和社会责任战略的评价方法	99
		4.4.1 企业社会责任压力的测量维度与可持续发展的评价体系	99
		4.4.2 国际和国内关于企业社会责任战略的评价方法	103
	4.5	变量测量	107
		4.5.1 自变量的测量	107
		4.5.2 中介变量的测量	109
		4.5.3 调节变量的测量	111
		4.5.4 因变量的测量	111
		4.5.5 控制变量的测量	112

第5章 实证研究的结果与讨论 — 113

5.1	描述性统计分析	113
5.2	实证分析结果	114
	5.2.1 企业社会责任压力对社会责任战略的回归结果	114
	5.2.2 企业社会责任战略对财务绩效的回归结果	116
	5.2.3 是否上市在企业社会责任压力与社会责任战略之间的调节作用检验	117
	5.2.4 企业社会责任战略在社会责任压力与财务绩效之间的中介作用检验	118

5.3 实证结果的讨论与解释 ………………………………………… 122
　　5.3.1 监管压力对企业社会责任战略具有显著正向影响 ………… 122
　　5.3.2 媒体和公众压力高的银行比媒体和公众压力低的银行更倾向于社会责任战略 …………………………………………… 126
　　5.3.3 社会认可压力对企业社会责任战略具有显著正向影响 …… 127
　　5.3.4 企业社会责任战略对财务绩效具有显著正向影响 ………… 128
　　5.3.5 是否上市调节企业社会责任压力和社会责任战略之间的关系 ………………………………………………………… 131
　　5.3.6 社会责任战略在企业社会责任压力和财务绩效之间起中介作用 ……………………………………………………… 132
　　5.3.7 控制变量的作用 …………………………………………… 134

第6章 我国商业银行实施社会责任战略实现可持续发展的建议 …… 137

6.1 我国商业银行社会责任战略的实施建议 ………………………… 137
　　6.1.1 规制合法性的管理 ………………………………………… 137
　　6.1.2 规范合法性的管理 ………………………………………… 140
　　6.1.3 文化—认知合法性的管理 ………………………………… 141
6.2 融合社会责任和财务绩效的商业银行可持续发展 ……………… 143
　　6.2.1 企业营利性和企业社会责任 ……………………………… 143
　　6.2.2 商业银行的社会责任 ……………………………………… 146

第7章 研究结论和未来展望 …………………………………………… 151

7.1 本书研究的主要结论 ……………………………………………… 151
7.2 研究不足与未来研究方向 ………………………………………… 153

参考文献 …………………………………………………………………… 155

后　记 ……………………………………………………………………… 181

第1章 导论

1.1 研究背景

1.1.1 实践背景

从1929年的世界经济大萧条，到1997年的东南亚经济危机，再到2008年的国际金融危机，在这个历程中我们发现，极具破坏力的经济危机往往是从金融业开始的，因此寻找健康的金融发展模式成为人们关注的焦点。

金融是经济的核心，而银行是我国金融业的主体，因此研究经济转型时期我国商业银行的发展问题尤为重要。在坚持以经济建设为中心的今天，我国的商业银行面临诸多问题。例如，我国商业银行采取重规模、轻质量的发展模式，造就了一个大而不强的银行体系，在参与国际竞争时处于劣势地位。因此如何在制度上引导我国银行的稳定发展，规避金融风险，建立以市场主导原则和市场自由发展环境为基础的金融体系成为我国金融改革的核心内容（李杨、全先银，2009）。

改革开放30余年来，西方利益至上的企业价值观极大地冲击了中国传统的儒商思想,很多企业以追求经济回报作为唯一目标,造成了大量企业不负社会责任的问题,引起了社会公众的强烈不满。现实中有银行贷款支持污染企业,有银行通过贷款与开发商勾结暗箱操控房地产价格,有银行违规乱收费,有银行帮助贩毒组织洗白非法利润,有银行操纵银行间拆借利率……而这一切都是在商业银行提高股东回报率的目标下完成的,人们不禁要问,商业银行的社会责任呢?在实践中银行的社会责任主要体现在四个方面:①银行的商业伦理,即银行要遵守国际组织制定的商业伦理规则;②银行对环境的责任,即银行通过环境风险管理、退出特定行业(如高污染和高能耗行业)等措施实现环境完整;③银行对经济的责任,即银行通过推出负责任的金融产品,如微额贷款、社会责任投资、社会责任储蓄等实现自身的持续发展和宏观经济的健康发展;④银行对社会的责任,即银行通过慈善捐款、员工培训和教育等社会责任行为实现对社会的责任(Scholten,2009)。

在金融改革逐步深化的进程中,如何通过制度安排来促进银行的社会责任战略,建设负有社会责任的现代商业银行;如何贯彻落实科学发展观,实现协调持续发展,是银行管理者们面临的重要问题。基于商业银行在我国资源配置过程中的重要地位,银行需要充分考虑股东、员工、客户、战略伙伴、供应商、社区以及公众等各个利益相关者的利益。在获取经济利益的同时,银行要承担相应的社会责任,在履行社会责任的同时实现自身的可持续发展。本书研究商业银行社会责任战略的前因后果,有助于银行走出"经济人"的实践误区,为银行探索和发现持续发展的新模式、新方法提供理论基础。

1.1.2 理论背景

"企业社会责任"是当今学界和实业界讨论的热门话题。究竟什么是企业社会责任？归根结底，企业社会责任的核心问题是经济利益、社会利益和环境利益的平衡问题。换言之，企业在不惜代价、盲目追求快速增长的经济目标的同时导致了环境污染、社会不公的重大代价。可以说，企业社会责任问题现在已经引起了学者和公众的广泛关注。

组织与其运营的环境密不可分，因此企业在追求经济利益的同时，只有履行环境责任、社会责任、慈善责任等才能实现组织与社会、与环境的和谐、稳定发展。制度研究是学术界的研究热点，大致分为两个阶段：早期的制度研究和新制度主义研究。早期的制度理论从19世纪晚期到20世纪中期，涉及经济学、政治学和社会学等研究领域。20世纪70年代，新制度理论在组织研究领域光彩夺目，产生了重要影响，引起了广泛关注。Silverman（1971）是较早试图把新制度主义引入组织研究的学者，他提出了一种组织现象学观点，关注意义系统与组织在社会行动中被构建和重构的方式，主张意义不仅仅在个人思维中运转，还存在于社会制度中的客观社会事实。另一名社会理论学家Pierre Bourdieu关于社会结构的研究强调文化规则内化的重要性，个人能够在各种情景中构建自己的行为（Bourdieu，1977）。后来第三种把新制度主义引入社会学研究的努力取得了更大成功。John Meyer和Brian Rowan，以及Meyer的学生Lynne Zucker在1977年发表的两篇论文引起了极大关注。

Meyer和Rowan认为制度是一种文化性规则复合体，制度规则（institutional rules）像神话（myths）一样发挥作用，组织为获得合法性、资源、稳定性以及生存前景而遵从制度规则。矛盾之处在于，组织遵从制度规则，常常与效率标准产生剧烈冲突；相反，为了促进效率而协调、控制组织活动，又会削弱组织对仪式的遵从（ceremonial conformity），牺牲支持者的利益和合法性。为了遵从仪式，考虑制度规则的组织通常把正式结构和实际生产性活动松散地结合（loosely coupled) 起来 (Meyer & Rowan, 1977)。

Zucker (Zucker, 1977; Zucker, 1983; Tolbert & Zucker, 1983; Zucker, 1987) 强调对制度的微观基础进行分析,关注的是作为一种过程,而不是状态的制度化。她认为认知性信念对行为具有锚定 (anchor) 作用,即社会知识一旦被制度化,就会作为一种事实而存在,成为客观实在的一部分,并在此基础上能够直接传播开来 (Zucker, 1977)。

此后,DiMaggio & Powell, Meyer & Scott 提出并阐释了一种宏观视角,成为社会学组织研究的支配性观点。DiMaggio & Powell 强调组织趋同性 (Isomorphism) 是竞争也是制度过程的重要结果 (DiMaggio & Powell, 1983)。迈耶和斯科特则认为所有组织都既受技术因素的影响,又受制度因素的影响 (Meyer & Scott, 1983)。

由于上述新制度主义将组织行为与组织所处的外部制度环境联系在一起,与更强调组织内部资源和能力的资源基础观 (Resource-Based View) 等战略理论相比,在解释企业竞争优势、解释企业如何实现社会责任战略等问题上更具有说服力。企业实施社会责任战略显然是离不开制度环境的,因此新制度主义为我们研究企业社会责任战略提供了一个崭新的视角。然而到目前为止,利用制度理论研究企业社会责任战略的文献仍然很少,实证研究尤其薄弱,很多企业社会责任问题的研究还停留在理论模型的构建阶段。因此,从制度理论的视角实证研究企业社会责任问题还有待我们进一步的努力。

第 1 章 导论

1.2 研究问题和研究目的

1.2.1 研究问题

迄今为止的战略研究一直是以产业组织理论（Industrial Organization）和资源基础观（Resource-Based View）为支撑的。产业组织理论认为产业结构是企业长期绩效的来源，因此企业单位绩效差异在产业之间比产业内部更大。与之相反的是，资源基础观认为企业的资源和能力是企业竞争优势的来源，各个企业之间的绩效差异会大于产业间的绩效差异。要回答组织决策的制定者如何做出战略这个重要的研究问题，仅仅从产业理论和资源基础观出发是不够的，其中很大的缺失是关于正式制度和非正式制度作为"游戏规则"（North，1990）是如何对社会责任战略产生影响的探索。近年来，探讨制度合法性、企业社会责任战略之间的互动关系逐渐引起研究者们的关注。以制度为基础的战略理论将制度作为自变量，关注制度与组织之间的动态互动，把企业的战略和绩效视为这种互动的结果（Peng，2003）。更进一步地说，企业的战略和绩效不仅由产业条件和企业内部资源所驱动，而且是管理者面对的制度框架中正式和非正式约束的反映（Khanna & Palepu，2000；Lee、Peng & Barney，2007）。企业社会责任战略的"前因后果"以及社会责任战略在制度压力和财务绩效之间发挥怎样的作用正是本书要研究的核心问题。

在中国经济转型的大背景下，研究经济核心的银行业是非常吸引人的。20世纪90年代以来，我国逐步建立社会主义市场经济体制，金融行业的风险问题逐渐显露出来。2003年中国人民银行的调查和相关研究发现：我国的金融风险不仅源自银行等金融企业的经营管理问题和从业人员的腐败问题，而且源自我国改革开放过程中国民经济各种风险的集中体现。换言之，我国的金融风险除了来自金融企业本身，还来自金融企业运营的环境，即政府、监管机构、国家的结构性调整等因素，而且后者占据主导地位。① 因此，研究外部制度因素、社会责任战略和财务绩效之间的关系对实现银行的长远发展来说是十分必要的，特别是通过探索制度因素对银行发展的影响机制，可以从制度层面帮助银行规避金融风险，实现良性发展。

从最近20年来金融危机的实现机制来看，信贷扩张、资产价格膨胀以及未能及时调整的监管失败是周期性金融危机的诱因，这意味着金融监管改革必须正视导致整个监管理念失败的根源，应该将单个金融机构的监管与整个金融体系的总体信用水平的监管并重（陈雨露，2009）。那么我们不禁要问：我国银行业的监管机构如何做出调整监管理念以促进银行业的稳定发展呢？我们知道在经济上行期，信贷风险较小，等量资本之下银行倾向于扩大信贷规模，造成经济过度扩张；在经济下行期，等量资本之下银行倾向于缩小信贷规模，导致经济紧缩，而实体经济的萎缩又会对银行业的状况雪上加霜。那么在制度安排上如何通过银行杠杆调节经济波动，既保证经济稳定发展，又促进银行业的合理、规范、有效的运营呢？银行业的稳定发展和整个国民经济的稳定发展将是同步进行、相得益彰、相互促进的。

从近几年工商银行、建设银行、兴业银行、招商银行等商业银行发布的年报、社会责任报告、可持续发展报告中可以看到，各个商业

---

① 李扬，王国刚，刘煜辉. 2008~2009年度中国地区金融生态环境评价[J]. 中国金融，2009（16）：15-18.

银行已经详细描述了其经济绩效、社会绩效和环境绩效等。也就是说，银行业已普遍认识到银行作为企业不仅需要创造经济效益，也要关注社会民生、环境保护、回馈大众等方面才能真正实现长久发展。

以上从理论和实践两个方面阐述了从制度合法性角度研究商业银行面临的社会责任压力、社会责任战略和财务绩效之间关系的重要性。我们将试图回答以下问题：

（1）商业银行社会责任战略是由哪些因素驱动的，商业银行的社会责任战略又将对未来的财务绩效产生怎样的影响，也就是对企业社会责任战略的前因后果的分析。

（2）企业社会责任战略在社会责任压力和财务绩效之间扮演怎样的角色，也就是要弄清楚社会责任战略这一中间机制是如何发挥作用的。

（3）合法性视角的企业社会责任压力在什么样的情境条件下对社会责任战略产生积极影响。

相信这些问题的解决将给商业银行的管理实践提供有力的理论支持，为我国商业银行实现持久发展提供政策建议。

1.2.2 研究目的

新制度主义的研究强调组织运行背景的重要性，认为"组织都不仅是嵌入环境之中的，而且是为环境所渗透和建构的"（Scott & Christensen，1995）。制度合法性对组织的战略决策产生重要影响，很多研究探索了制度合法性对组织战略决策的影响机制，但是从合法性角度研究企业社会责任战略动因和效用的实证研究还很少。而对制度环境较为复杂的银行业，国内还很少有文献从新制度主义的视角对之展开研究。

本书将系统梳理制度合法性、企业社会责任和利益相关者理论的相关研究成果,构建合法性对商业银行社会责任战略的影响模型,以及银行社会责任战略对财务绩效的影响模型,并进行实证检验。本书将实现以下几个研究目标:

(1)探讨我国商业银行社会责任战略的动因。按照广泛接受的合法性分类方式,即从Scott(1995)所提出的规制合法性、规范合法性和认知合法性这三个角度出发,分析我国商业银行面临的社会责任压力,发掘哪些社会责任压力对银行社会责任战略产生影响。

(2)分析社会责任战略对银行财务绩效的影响。收集数据,测量商业银行2008~2011年的社会责任战略,找到社会责任战略和财务绩效之间的内在关系,分析不同银行的社会责任战略对未来财务绩效的影响。

(3)在"社会责任压力—社会责任战略—绩效"的研究框架中,探讨社会责任战略发挥怎样的作用,以及如何推动商业银行社会责任战略的实施,进而实现银行业和宏观经济的健康发展。

(4)学者们对于合法性的测量进行了多种尝试,例如:Kuilman & Li(2009)通过测量"溢出"或"外流"(Spillover)效应来检验合法性对企业战略的影响。Li、Yang & Yue(2007)通过对《人民日报》上的文章进行分类测量了公众认可(public acceptance)这一制度变量。本书试图从合法性角度建立社会责任压力在银行业的测量标准和具体方法,从而为企业社会责任在行业层面的研究做出测量方法上的贡献。

(5)为我国银行业监管机构如何在政策上积极引导各商业银行践行社会责任、实现长期稳定发展提供理论依据,同时为商业银行实现自身的长远发展提出建议。

1.3 研究方法和本书框架

1.3.1 研究方法

本书采用文献研究、逻辑推演以及实证的研究方法。

本书的文献研究是在研究目的和研究问题的指导下，对相关文献进行系统检索和阅读，总结国内外相关文献的研究思路、方法和结果，通过比较和综述寻找现有研究的缺口，寻找可能的理论创新点，并为后面的概念模型和研究假设打下基础。

具体操作中，通过理论演绎得出制度合法性对银行社会责任战略的影响，以及银行社会责任战略对未来财务绩效影响的理论基础，构建一个影响关系的理论模型。之后以我国62家可以找到公开财务数据的商业银行为实证研究对象，以这62家银行2008~2011年的相关数据为样本，对概念模型进行统计分析，验证理论假设，从而得到研究结论。

本书使用的数据分析方法是二手数据分析和统计方法。

（1）二手数据分析。

利用定性形式的二手数据，通过文本分析的方法或者称为结构性内容分析法（structured content analysis），识别、提取和编码所需要的变量信息，这种分析通常是通过识别关键词汇、主题、某种陈述或者故事描述，然后进行编码转化成定量数据形式（周长辉，2008）。编码是内容分析的核心，Miles & Huberman（1994）认为编码就是分析。本书测量自变量和中介变量时涉及内容分析法。

将定性数据通过编码的方式转变为定量数据,对本书而言具有十分重要的意义。目前在战略管理研究领域中,研究者们常常利用矩阵结构化的定量形式的数据库。很显然,这类数据库的使用给研究者带来了很大便利,但由于数据公司提供的变量指标不是为具体研究而定制的,所以往往缺乏针对性和适用性。而且由于数据收集、提取过程中涉及较多工作人员,所以数据的一致性、可靠性可能会存在问题(周长辉,2008)。

本书之所以采用内容分析法对定性数据做人工识别、提取和编码,主要基于以下考虑:①数据客观;②样本量大;③具有时间跨度;④变量测量更有针对性。本文利用定性形式的二手数据大规模识别哪家银行、在哪里、在什么情况下、做了什么、发生了什么等信息,具有很高的客观性,而且可以形成有时间跨度的纵向数据。

近年来,在管理学领域有很多将定性数据转化为定量数据的研究。内容分析法作为一种分析文本资料的方法被广泛应用到各种管理研究中。例如,Lee & James(2007)研究性别因素对企业高管任免与股东反应之间关系的影响。作者通过分析1990~2000年的《华尔街日报》、新闻专线、报纸以及其他出版物获得并筛选出529条关于CEO职位的公告,从中找出CEO的性别,并通过阅读、提炼和编码一些控制变量,从而得出结论。

Ming-Jer Chen曾经以竞争性行动(competitive action)和竞争性反应(competitive response)的对偶关系作为其研究动态竞争的分析单位(Chen、Smith & Grimm,1992;Chen & MacMillan,1992;Chen & Miller,1994)。为了进行实证研究,Chen经过艰苦努力,通过详尽的内容分析法建立了一个数据库,包含了8年中美国航空业所有主要的竞争行动。Chen & Miller(1994)通过回顾美国航空业权威杂志Aviation Daily从1979年到1986年间的每篇报道,形成了包括美国32

家主要航空公司信息的样本,识别并编码了有关"攻击行为"(attack actions)和"报复性反应"(retaliatory response)的变量。Chen 根据已有文献将一些竞争行为归类为"攻击行为",如减价(price cuts)、促销(promotional activities)、产品或服务变更(product line or service changes)、分销渠道变化(distribution channel alterations)、市场扩张(market expansions)、纵向整合(vertical integration)、兼并和收购(mergers and acquisitions),以及战略联盟(strategic alliances)。根据报道中的关键词,如反应(in responding to)、跟随(following)、对抗(match)、在……压力下(under pressure of)、对……反应(reacting to)等识别并编码了"报复性反应"。样本共包含 780 个攻击行为和 222 个报复性反应,并由 Chen 和三名战略管理专业的博士生将之分为 14 种"行为—反应"类型(14 generic action and response types)。

在战略管理领域,由于缺乏针对具体研究设计的大量可靠数据,以及缺少诸如竞争互动性质的方法,使得战略研究停滞不前。而 Lee 和 Chen 等学者的研究方法和思路解决了这一研究瓶颈,特别是 Chen 选择具体、特定的竞争行动作为其研究的重心,本身就对方法论做出了贡献。

本书沿着上述学者的思路,通过收集、阅读、识别、编码行业权威媒体《金融时报》的报道、银行年报、社会责任报告、可持续发展报告以及银行网站发布的公开信息,对所需变量进行赋值;同时结合银行年报等公开发行的出版物找到净资产收益率、净利润率等客观数据。数据整理和编码工作由笔者和两名企业管理专业的研究生共同完成,从而保证数据的一致性和准确性。

(2)统计分析方法。

本书使用软件工具 SPSS 对数据进行统计分析,按照传统的多元线性回归方法和方差分析进行假设的验证和数据分析。

多元回归分析是研究一个变量（即被解释变量）对多个变量（即解释变量）的依赖关系，目的在于用多个解释变量的最优组合共同预测或估计被解释变量。多元回归分析的主要作用是：确定被解释变量和解释变量之间的关系是否存在，即用解释变量解释的被解释变量的变差部分是否显著；确定这种关系的强度，即被解释变量变差中的多大部分可以用解释变量来解释，用可决系数的值来表示；确定联系被解释变量和解释变量的数学方程；预测在解释变量已知的情况下被解释变量的理论值；估计某个解释变量对被解释变量的贡献，即控制其他解释变量时，该解释变量的变化所带来的被解释变量的变化；寻找重要的解释变量，即比较各解释变量在回归方程中相对作用的大小。

方差分析，又称为变异数分析或F检验，主要探讨连续型因变量与类别型自变量之间的关系，用于两个或两个以上样本均数差别的显著性检验。方差分析以F分布为概率分布的依据，利用平方和与自由度所计算的组间和组内均方估计出F值，若有显著差异则进行多重比较，用于探讨各组之间的差异如何。

面板数据分析。我国大型商业银行大规模的改革上市始于2005年前后，大部分的城市商业银行也在最近几年进行了改组并获得了较快发展，部分城市商业银行开始公开披露财务数据。对未上市银行信息披露没有强制性要求，获取我国所有商业银行较长时间跨度的数据很困难，因此，本书采用了面板数据分析方法，对同一银行进行多次测量，可以得到比横截面数据更深刻的模型，又可以克服时间序列分析多重共线性和自相关的问题。

1.3.2 本书框架

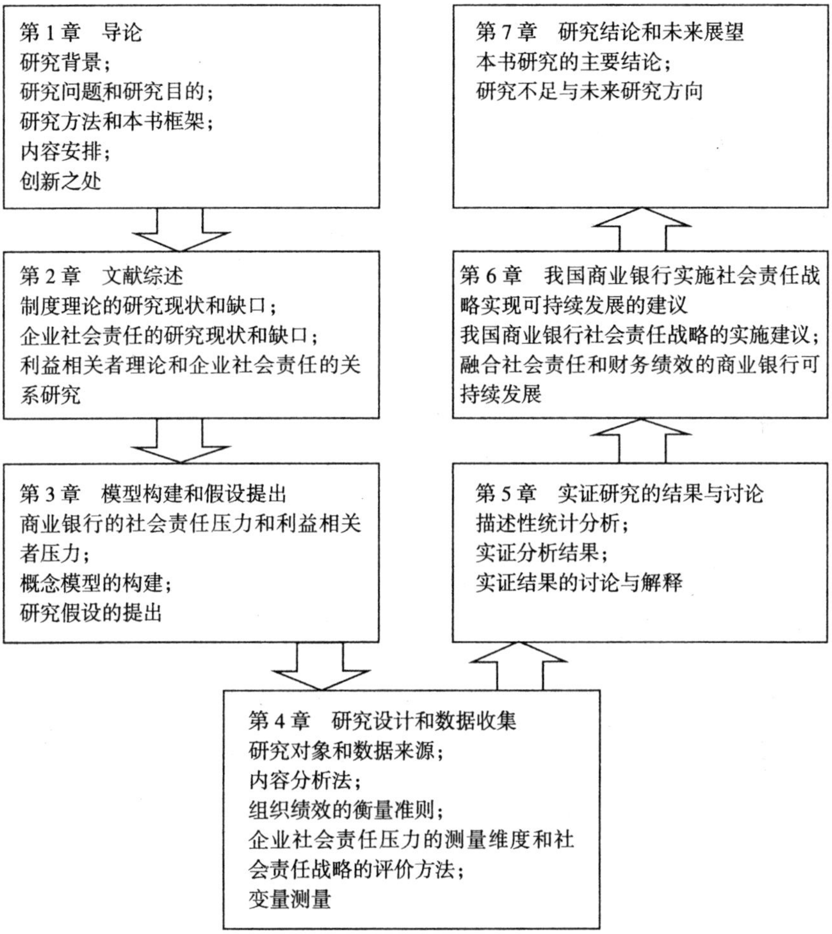

```
第1章 导论
研究背景；
研究问题和研究目的；
研究方法和本书框架；
内容安排；
创新之处
        ↓
第2章 文献综述
制度理论的研究现状和缺口；
企业社会责任的研究现状和缺口；
利益相关者理论和企业社会责任的关系研究
        ↓
第3章 模型构建和假设提出
商业银行的社会责任压力和利益相关者压力；
概念模型的构建；
研究假设的提出
        ↓
第4章 研究设计和数据收集
研究对象和数据来源；
内容分析法；
组织绩效的衡量准则；
企业社会责任压力的测量维度和社会责任战略的评价方法；
变量测量
        ↑
第5章 实证研究的结果与讨论
描述性统计分析；
实证分析结果；
实证结果的讨论与解释
        ↑
第6章 我国商业银行实施社会责任战略实现可持续发展的建议
我国商业银行社会责任战略的实施建议；
融合社会责任和财务绩效的商业银行可持续发展
        ↑
第7章 研究结论和未来展望
本书研究的主要结论；
研究不足与未来研究方向
```

图 1-1 本书的技术路线

1.4 内容安排

本书共分为七章。第1章包括以下内容：①研究的实践背景和理论背景；②研究问题的提出和研究目的；③研究方法和框架；④内容安排；⑤创新之处。

第2章为文献综述。首先，梳理了制度主义的思想、制度合法性、制度基础观的研究成果，发现制度情境和战略中间机制的研究还不够深入。其次，梳理了企业社会责任的代表性观点，总结了分析企业社会责任前因的几个重要视角，以及企业社会责任效用的研究成果，发现可以从合法性的视角对企业社会责任战略的前因后果进行实证研究。最后，整理了利益相关者理论，总结了利益相关者与合法性，以及企业社会责任之间关系的研究成果。

第3章为模型构建与假设提出。首先陈述了商业银行的社会责任压力和利益相关者压力。其次构建了本书研究的概念模型，提出了研究假设。

第4章为研究设计和数据收集。这一章阐述了各个变量具体的测量方法，进行实证研究的数据来源和数据收集、整理、编码的基本过程。其中用内容分析法对二手数据的编码过程非常重要，结合文献，详细分析了中国商业银行的社会责任压力，提出了企业社会责任压力和社会责任战略的衡量标准。

第5章为实证研究的结果和讨论。这一章描述了模型检验结果，并对结果进行了讨论。

第6章对商业银行实施社会责任战略从规制合法性管理、规范合法性管理和文化—认知合法性管理三个方面提出了建议，并且提出商业银行只有融合了经济绩效和社会责任的发展才能真正实现基业长青。

第7章是对本书研究的总结和未来展望。阐明了本书的基本结论和研究意义，讲述了本书研究的局限之处，并展望了将来的可能性研究。

1.5 创新之处

（1）结合商业银行实践，对制度合法性提出了研究变量。

本书对制度合法性进行了细致分析，将合法性从规制、规范和认知三方面细分为3个变量进行测量。其中监管压力属于规制合法性范围，媒体和公众的压力属于规范合法性范围，社会认可的压力属于文化—认知合法性范围；从利益相关者的角度看，监管压力来自外部利益相关者，财务绩效流向与内部利益相关者有关，媒体和公众压力以及社会认可的压力属于更广泛的利益相关者。此前有研究结合电信运营企业细分了制度合法性压力，并进行了合法性对电信运营企业可持续发展战略和绩效的实证研究（徐二明、左娟，2010），但大部分研究并没有结合行业特点进行合法性的细化。

（2）提出了商业银行社会责任战略的主要驱动因素。

本书通过文献分析和逻辑推演，认为银行社会责任战略的主要驱动因素来自制度合法性，体现在规制、规范和认知三个方面，这与前人所提出的企业社会责任是由制度动力、经济动力和道德动力驱动的模型有异曲同工之处，但是本书结合行业特征，将合法性动力具体化为体现商业银行业特征的变量，并探讨了这些变量对银行社会责任战略的意义，以及如何在规制、规范和认知三方面做努力才能推动银行更好地履行社会责任，实现长远发展。

（3）分析了商业银行社会责任战略的效用。

前人的大部分研究都是企业社会责任对经济绩效的影响研究，或是企业经济绩效对社会绩效的影响研究。本书考察了商业银行社会责任战略对未来财务绩效的影响,发现商业银行社会责任战略对财务绩效有显著正向影响,否定了银行在信贷、投资方面履行社会责任会导致不良贷款、破坏资产质量的看法。

(4) 检验了企业社会责任战略在社会责任压力和组织绩效之间的中介作用。

本书通过实证检验,支持了企业社会责任战略在社会责任压力和组织绩效之间起中介作用的理论假设。前人的研究大都直接检验了制度因素,如国家制度因素、行业制度因素和企业层面的因素对组织绩效的影响,本书通过理论演绎和实证检验认为任何制度因素对组织绩效产生影响都必须通过企业自身的战略来实现,这也解释了为什么在相同的制度条件下,不同的战略选择对组织绩效会产生差异化的影响,支持了制度和战略选择动态互动的理论观点。

(5) 提出了经济绩效和社会责任的共同发展是实现长远发展的根本途径。

通常认为可持续发展指既满足现代人的需求,又不损害后代人满足需求的能力的发展,在这个定义中可持续发展更多地和环境保护结合在一起。对商业银行来说,实现长远发展体现在提高经济绩效和改善社会绩效这两个维度上,其中社会绩效包含了通过控制贷款流向、遵循环境风险指南等达到保护环境的目标。经济绩效为社会责任领域的投入奠定了基础,而社会责任战略反过来又能促进未来财务绩效的提高。

(6) 针对商业银行提出了制度合法性的测量标准和方法。

结合银行业特点提出了合法性在规制、规范和认知三方面的变量及其测量方法,其中,监管压力、媒体和公众压力用体现在经济、环境、社会三个维度的具体指标加以测量,并在测量中采用了内容分析法。

(7) 采用了银行社会责任战略的测量量表。

前人在测量企业社会责任时，通常采用 KLD 指数、财富声誉指数、污染控制披露、经济优先委员会（CEP）的评价、慈善捐款等方法。本书采用了 Scholtens（2009）提出的商业银行社会责任评价框架中的指标对我国商业银行社会责任战略进行了测量。该框架中的赤道原则、主导政策中的环境风险管理、退出特定行业、社会责任投资、微额贷款、可持续金融等指标反映了银行业的特点，因此在衡量银行社会责任战略方面更加客观。当然，该框架的指标用"是/否"的方式进行衡量，不能体现指标执行程度的差别，这是遗憾之处，也是未来研究中值得进一步改进的地方。

第2章 文献综述

2.1 制度理论的研究现状和缺口

2.1.1 新制度主义思想和制度合法性

2.1.1.1 新制度主义思想

制度理论在社会研究领域将人们的注意力引向社会组织边界外的力量（DiMaggio & Powell，1991；Scott，1995）。企业行为不是在一系列无限的可能性中进行选择，而是在有严格限制的、由一些组成企业组织场域的参与者决定的选项中进行选择（Scott，1991）。这种影响在制度中可以显现出来，描述组织现实的规则、标准和信仰，解释什么是组织，什么可以实行。制度理论，简单地说，就是关于制度环境是怎样形成、调节和引导社会选择的（Hoffman，1999）。

早期制度学派的代表人 Philip Selznick（1949）提出组织不是封闭系统，不是一种工具，而是受到周围环境影响的有机体，每个组织都有生命。组织就像具有适应能力的有机体那样，会对外部环境的影响做出反应。组织和环境的互动是一个自然的过程，而非人为设计的结果。Selznick 从自然系统的视角研究组织,显然与韦伯(Weber)基于理性系统组织的研究结果截然不同。Weber(1946)认为组织是为了完成某种任务而建立的一个技术体系,组织理性的发展是西方文明的核心。早期组织学研究逐步走出了韦伯式的理性组织的框架,认为组织并不是一个简单的效率机器,而是受环境影响的。

John Meyer 的新制度主义理论就是在上述背景下提出的。Meyer 从组织和环境的关系上开展研究,探索了为什么不同的组织会有类似的内部制度和机构这样一个问题。Meyer 指出现代社会的正式组织产生于高度制度化的环境中,专业、政策和程序随着产品和服务而产生,这使得很多新组织迅速成长,迫使已经存在的组织接受新的实践和流程。换言之,组织必须融合由占优势的组织理性概念所定义的实践和流程,并在社会中实现制度化。这样做的组织增加了合法性和生存前景(Meyer & Rowen,1977)。因此我们需要从组织与环境互动的视角解释组织现象,包括考虑技术环境和制度环境两个方面。其中制度环境是被广为接受的(take-for-granted),或由公众观念(public opinion)、法律等支持的社会事实,如果组织行为有违这些制度规则,就会引起组织合法性危机,从而危害组织发展。组织只有将合法化的理性元素融入正式结构中,才能将合法性最大化,增加生存可能性(Meyer & Rowen,1977)。制度环境的一个重要方面是文化观念,这些文化观念形成一种神化的东西,让大家必须接受,Meyer 将这种现象称为理性神话(rationalized myth)。

DiMaggio 和 Powell(1983)不同于 Meyer 之处在于,前者认为制度通过激励机制和资源配置影响组织行为,鼓励组织采取社会接受的行为以获得合法性,也就是说制度和组织行为之间存在中间机制,而不是像 Meyer 所认为的制度一开始就塑造了组织行为。例如,一个具有合法性的组织更容易获得政府的支持,取得客户的信任,赢得供应商的合作，也更容易使员工产生组织认同感，这些都使组织更倾向于采取合法性行为。

Scott（1995）总结了新制度理论取得的实质性进步[①]：①从对制度及其独特性进行随意、混乱的界定，走向了严密、一致性地界定；②从决定论走向互构论，即组织具有不同程度的能动性，会以不同的策略应对制度要求；③从理论断言走向数据实证；④从以组织为研究中心走向以场域层次为研究中心；⑤从对制度稳定的研究走向对制度变迁的研究；⑥从对理性行动产生非理性影响的制度概念，走向作为理性行动的建构框架的制度概念。

总而言之，新制度学派强调制度化的组织。这与以前的理论模式区别很大，经济学强调作为"经济人"的组织，是人与人之间为了各自利益或共同利益而形成的理性组织。新制度学派则从组织和环境之间关系的视角展开研究，强调组织对环境的能动适应，引导人们站在组织和环境互构论的立场去阐释组织现象。

2.1.1.2 制度合法性

合法性问题在组织发展的初期阶段是其中心问题（Stinchcombe，1965；Aldrich & Fiol，1994）。新企业需要他人认为其经营目标是可实现的，投资是有回报的。从这个意义上说，组织合法性是指环境对组织的接受（Dowling & Pfeffer，1975；Meyer & Rowan，1977）。组织与社会标准、价值和期待相一致，就被视为获得了合法性（Dowling & Pfeffer，1975）。随着企业的成长，组织会与其他组织发展更强的交换关系，成为权力层级的一部分，行为得到认可（Stinchcombe，1968）。因此，较老的组织更可能被视为是合法的（Singh、Tucker & House，1986）。

---

① 斯科特·W.查德.制度与组织——思想观念与物质利益 [M].姚伟，王黎芳译.北京：中国人民大学出版社，2008.

早期的管理学家认为组织是"理性系统"——为物质投入和产出的有效运转而设计的社会机构（Scott，1987）。那个时期的理论家把组织描述为与周围环境有严格边界的实体。但是从20世纪60年代后期开始，概念发生了根本改变，"开放系统"理论（Scott，1987）认为组织边界是可以渗透的，制度理论（DiMaggio & Powell，1991）强调组织环境的动态性不是源于技术或物质的要求，而是来自文化规范、标准、信仰和仪式。这种转变的核心是组织合法性概念。

社会学和政治学对合法性的定义很多，马克斯·韦伯是最早关注合法性在社会生活中的重要地位的社会理论家。他认为在合法性秩序中存在的信念是行动的模板，行动者自己也认为"在某些方面必须或者可以效仿"这些模型（Weber，1968）。

本书关注的是企业组织层面的战略问题，所以引述Suchman关于组织合法性的定义，他认为"合法性是指，在一个由规范、价值、信念和定义组成的某些社会建构体系中，认定一个实体的行为是预期的、恰当的或者是合适的等广为接受的感知和假定"（Suchman，1995）。合法性是普遍性的评价而非就具体事件做出的评价，是"被客观地拥有但主观地创造的"（Suchman，1995）。Suchman所说的各种"社会建构体系"事实上就是制度性框架。

Suchman将合法性分为三种基本类型：一是基于受众利益的实用性（pragmatic），它取决于组织最直接受众的自身利益；二是基于规范的道德性（moral），它反映了对组织及其行为的正面标准化评价；三是基于理解和共识的认知性（cognitive），它为组织提供了似乎合理解释的文化模式。具体的分类情况如表2-1所示。

Aldrich（1999）认为合法性分为认知合法性（cognitive legitimacy）和社会政治合法性（sociopolitical legitimacy）。Aldrich定义的认知合法性与Suchman的认知合法性类似，即社会环境对组织行为的理解和接

第 2 章 文献综述

表 2-1 合法性的类型

	行为	本质	
短暂的	交换	素质 利益	实用合法性
持续的	影响	特征	
短暂的	结果	个人	道德合法性
持续的	过程	结构	
短暂的	理解 可预测的 可信的		认知合法性
持续的	共识 不可避免的 持久不变的		

资料来源：Suchman, M.C. Managing Legitimacy: Strategic and Institutional Approaches [J]. Academy of Management Review, 1995, 20 (3): 571-610.

受。Aldrich 的社会政治合法性是指利益相关者、大众、主要领导者和政府官员对组织行为的接受。社会政治合法性包括两个方面：①道德接受（moral acceptance），即与文化准则和价值的一致性；②规制接受（regulatory acceptance），即与政府法规和规制的一致性。

Scott（1995）以及 Ruef & Scott（1998）认为制度的三大基础要素，即规制支柱、规范支柱和文化—认知支柱，对合法性提供了三种相关但明显不同的支撑，关注规制支柱的理论，强调遵守规则是合法性的基础，合法的组织是那些根据相关法律要求而建立、运行的组织；关注规范支柱的理论则强调评估合法性较深层次的道德基础；关注文化—认知支柱的理论强调通过遵守共同的情景界定的角色模板而获得合法性。来自于文化—认知的合法性，是一种最深层次的合法性。

目前在战略管理领域，大都采用 Scott（1995）的分类，本书在研究中从制度合法性的角度探讨企业社会责任压力对社会责任战略的推动作用。新制度主义的主要贡献是提出用合法性机制来认识并解释组织现象。所谓合法性机制是指一种制度力量,这种力量能迫使组织采用制度环境中具有合法性的组织结构或组织行为(周雪光,2009)。合法性机制对组织行为有何影响呢?上文提到 DiMaggio 和 Powell (1983) 发现制度通过激励机制或资源分配来影响组织的战略选择,从而出现了组织趋同现象。那么什么是组织趋同,什么机制导致了组织趋同呢?DiMaggio 和 Powell 认为有三个机制导致了组织趋同性。一是强迫性机制(coercive)。例如,组织必须遵守法律规定,因为法律具有强迫性;学者发表文章必须遵守有关的学术规定等。二是模仿机制(mimetic),即各个组织模仿同行业中成功组织的行为。由于技术环境是不断发展的,而制度环境又具有不确定性,企业不知哪种行为是最优选择,所以模仿成功企业的做法就顺理成章地出现了。换句话说,不确定性诱导了模仿行为。三是社会规范机制(normative)。社会规范产生一种共享观念或思维,从而有效地约束组织行为。不难看出,DiMaggio 和 Powell 的合法性机制强调激励机制和资源配置在制度和组织行为之间的作用,否定了制度对组织行为的完全驾驭,是弱意义上的合法性机制;而 Meyer 认为制度完全塑造了组织结构和行为,否定了组织本身的能动性,这显然是强意义上的合法性机制。

2.1.2 战略研究的新支柱制度基础观

制度基础观是战略研究的一个新支柱。在新制度经济学中,Douglas North 认为制度是人为设计的,决定人们之间相互关系的约束,制度在社会中起着基础性作用,是决定长期经济绩效的根本因素(North,1990)。Scott (1995) 认为制度是使社会行为稳定且有意义的规制(regulative)、规范(normative)和文化—认知(cognitive-cultural)结构。这与 DiMaggio 和 Powell (1983) 所划分的制度扩散的三种不同机制，即强制（coercive）、规范（normative）和模仿（mimetic）机制尤其相似。一般而言，经济学家强调规制要素，社会学家强调规范要素，人类学家强调认知要素。不同领域的学者不仅关注的重点不同，其基本观点也有很大差异。

Scott（1995）所提出的规制支柱（regulative pillar）来源于具有法律权威或与之类似的组织（如政府、监管机构等）所颁布的各种规则，规制支柱通过奖励或惩罚等强制性措施来制约组织行为。经济学家也认为制度主要依赖于规制性要素，如 North 定义制度概念时指出：制度的本质在于当组织违反规则和规定时必须付出代价，受到惩罚和制裁（North，1990）。North 认为尽管在组织域层面有正式和非正式的规制，如行业协会和广泛认可的竞争行为，但是当代社会中规制规则和实施机制主要来自国家。换言之，制度在更大范围的环境层面运行，不论是间接地受制于隐藏在经济市场背后的非正式观念，还是通过政府规制的直接干预。

与 North 不同的是，以 Williamson 为代表的制度经济学家认为更大范围的制度只是"背景条件"，在前台发挥规制作用的是那些更加具体的制度形式，特别是组织（层级系统）（Williamson，1994）。

规范支柱（normative pillar）属于社会责任范畴，建立在共享观念和社会规范的基础之上，带有强烈的道德权威色彩。Scott（2003）提到多数社会学家，从库利、韦伯到赛尔兹尼克和帕森斯，都将制度看作为社会生活提供道德框架的规范结构。从与外部强加的规制和法律不同，规范是被参与者内化的东西，指引参与者行为的是他们自己对应该做什么的认识，是他们对他人的社会义务，是对共同价值的承诺。经济学家和政治学家关注社会系统——市场和政治，理性的自利假设被视为这些系统的基础。在此情形下，获得秩序的途径就是规制的建立和实施。与此不同，社会学家和人类学家关注社会生活，如家庭和亲属结构、教育和宗教系统等，这里的参与者更倾向于主动采取尊重秩序的行为。概言之，强调制度规范属性的社会学家认为，结构和行为的合法性源于被广泛接受的行为准则的一致性。

认知支柱（cognitive pillar）指个体或组织对外部真实世界的认识和理解，并被广泛接受，认知支柱主要依靠学习和模仿来建立。Scott（2003）指出这个概念不仅包括个体的心智框架，而且包括共同的象征符号体系和共享的意义解释。共享的文化信念作用于每个人的内心，为他们提供"思维软件"（Hofstede，1991）。

所有发展成熟的制度框架都是三类要素的组合：规制、规范和文化—认知。理论的不同源于分析视角和分析对象的选择差别。这些要素嵌套在一起，文化—认知要素是最深层次的，包含一些无意识的信念和想当然的假设。相反，制度主义学者最为关注的规制要素位于表层，容易更改或设计，与规范要素和文化—认知要素相比，也更加肤浅（Evans，2004；Roland，2004）。

Scott提出的制度三支柱提高了实证研究制度影响的可能性。制度框架由支配个人行为和企业行为的正式制度和非正式制度组成，规则支撑正式制度，而规范和认知支撑非正式制度。当今的战略研究仍然是以产业组织理论和资源基础观为基础，但产业组织理论和资源基础观都发源于西方发达国家，都认为制度是既定的，而新兴经济体，如中国，正处于经济转型时期，因此制度对于中国企业的战略选择具有十分重要的意义。系统地建立"以制度为基础"的企业战略管理理论始于Mike Peng。Peng（2006）认为，中国研究不仅可以解释现有理论的局限性，而且具有理论贡献，即将制度基础观作为"战略三角"的一个新支柱，如图2-1所示。

制度有很多作用，其核心作用是降低不确定性。从根本上说，制度决定了什么是合法的，什么是不合法的（Dacin Goodstein & Scott，

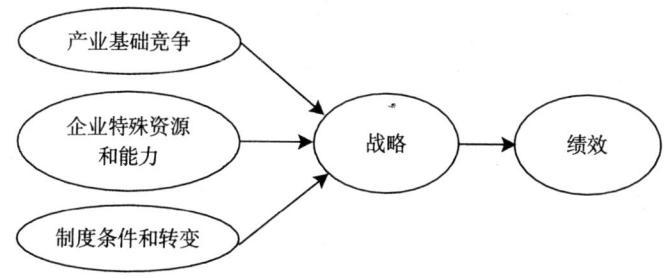

图 2-1 制度基础观：战略三角的三个支柱

资料来源：Peng, M.W. Perspectives from China Strategy to Global Strategy [J]. Asia Pacific Journal of Management, 2005, 22: 123-142.

2002）。这样制度就通过限定可接受行为的范围来影响企业的战略选择。正式制度和非正式制度都降低了交易的不确定性。Peng（2003）指出经济交易有两种形式，一种是以关系为基础的交换，称为关系交易；另一种是以规则为基础的非个人交换，称为公平交易，这两种交易是互补的。制度基础观提出了两个基本假设，第一，企业在制度约束下理性地追求经济利益并做出战略选择；第二，正式制度和非正式制度一起支配企业行为，当正式制度不起作用时，非正式制度在降低不确定性和赋予管理者信心方面扮演了重要角色（Peng, 2006）。基于这两个基本假设，我们认为可以从制度基础观出发，从合法性的视角探讨制度压力（包括来自正式制度和非正式制度两个方面）对企业社会责任战略及组织绩效的影响。

2.1.3 制度要素与组织绩效间关系的研究现状

2.1.3.1 制度环境和技术环境与组织绩效关系的研究

以往的研究指出，有必要区分组织的技术环境和制度环境（Meyer & Rowan, 1977; Meyer、Scott & Deal, 1981; Meyer & Scott, 1983; Scott, 1987）。技术环境是指组织用于生产和交换其产品和服务的一种环境，组织由于对生产流程和技术的有效控制而获得回报（Scott & Meyer, 1983）。在最纯粹的情况下，这样的环境与新古典经济学家的竞争市场十分一致,因此是新古典经济学家的研究对象。在技术环境中运行的组织会极力控制和协调技术过程,用以缓解环境混乱和动荡对核心技术的影响。

制度环境以详细的规则和要求为特征,如果组织要从制度环境中获得合法性和支持,就必须遵守这些规则和要求(Scott & Meyer, 1983)。这些规则和要求可能来源于各级政府、行业监管机构、行业协会、政府授权的调解机构,来源于社会普遍认可的关于组织行为的信仰体系(Meyer & Rowan, 1977; DiMaggio & Powell, 1983)。

组织面对的技术环境和制度环境是不一样的,但是技术环境和制度环境可以共存。Powell对商品交易市场与精神病院的比较,说明了把技术的与制度的过程完全区别开来是非常困难的。DiMaggio & Powell(1983)指出组织场域具有独特的生命周期,在组织的青年时期,效率特征起着主导作用,而在成熟时期,"制度性同形主义"支配着组织的生存。在一群组织中那些较早采纳新技术的组织,是出于技术上的需要。但是,一旦达到制度化的阈值,一个组织采纳新技术,往往是出于合法性的需要,而不是为了改进组织的生产绩效。Scott & Meyer(1983)把制度环境和技术环境视为强、弱两种状态的变量,并描述了这两种交叉分类,如图2-2所示。

显然,商业银行处于强技术环境和强制度环境中。一方面,银行为了降低交易成本、维护交易安全、扩大客户群、实现绿色办公等经济、社会和环境目标而不断加强技术管理,进行技术手段的创新。随着网络技术、信息技术进入银行业,基于互联网的银行服务得到迅速发展,网上银行逐渐普及并成为新的业务增长点。银行业技术环境的变化表现出以下特点:

(1)网上银行发展迅速,银行不再完全依赖实体网点,实现了对客户的远程、24小时服务;

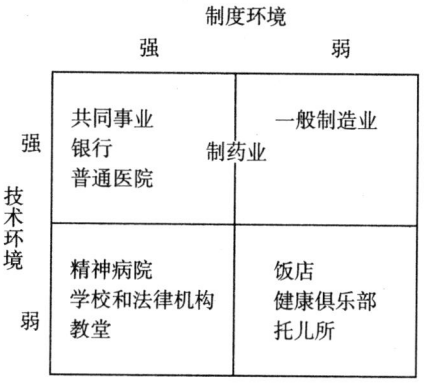

图 2-2 技术与制度环境的组合情况

资料来源：Scott W. Richard. Organizations: Rational, Natural and Open Systems (2nd ed.) [M]. Englewood cliffs, NJ: Prentice Hall, 1987.

（2）信息技术的发展帮助银行分析客户的不同需求，提供个性化服务；

（3）银行业务的网络化在突破传统银行业的技术模式、价值观念和管理流程的同时，也增加了金融风险，具有跨行业性和外生性。

另一方面，面对金融改革和发展过程中遇到的一系列新问题，我国金融的制度环境也在发生着变化，出现了诱致性制度变迁和强制性制度变迁。由某银行发起的诱致性制度变迁往往要得到监管当局的认可并组织试点，如果监管当局发现局部或整体性制度创新方案的预期收益大于预期成本，就会借助行政力量大范围推行，诱致性制度变迁也就变成了强制性制度变迁。目前我国银行业的制度环境变迁主要有以下特点：

（1）监管机构放松了行业准入门槛，国有控股商业银行、全国性商业银行、城市商业银行、外资银行等金融企业蓬勃发展。

（2）进一步加强了银行业的风险监管，监管机构更加注重对银行运行的技术性风险，也就是安全性的评估。2010年初，银监会为统筹实施巴塞尔协议Ⅱ和巴塞尔协议Ⅲ，创设了"腕骨"（CARPALs）监管指标体系，积极构建审慎的银行业监管体系。

（3）银行向客户提供的产品和服务更加综合化，银行业、证券业、保险业之间的交叉不断加深。

由于我国商业银行的技术环境和制度环境在金融改革的进程中变化较大,所以我们在研究商业银行的合法性要求对组织绩效的影响时需要考虑这些变化,具体而言,就是在测量企业社会责任压力时需要充分考虑这些变化因素。

2.1.3.2 制度要素与组织绩效之间关系的研究

近年来,很多学者运用制度理论研究战略管理领域的经典问题,如跨国公司、战略联盟、创业问题等。制度要素与组织绩效关系的研究也引起了巨大关注,"当企业努力阐述和实施战略,创造竞争优势时,制度直接起到了决定作用"(Ingram & Silverman,2002)。

首先,国家制度要素对组织绩效的影响。Makino et al.(2004)对跨国公司进行了研究,检验国家的作用在多大程度上能解释外国子公司的绩效差异,发现居于子公司和母公司的影响之后,国家的影响和产业的影响一样大;证明了在解释位于发达国家的子公司的绩效差异方面,子公司和母公司的影响更为关键,而在发展中国家,国家和产业的影响更为突出。

Chan(2007)从制度角度研究了跨国企业选择子公司所有权结构的合法性的理论基础。发现当与子公司所在国家或地方工业水平的制度环境难以保持一致时,为了获得长久合法性,跨国企业倾向于拥有更少的股权;为应对国内的巨大压力,跨国企业倾向于拥有更多股权,从而在公司层面的制度环境下维持国内合法性;相较于地方工业和所在国家,政治稳定性高的地方市场和政治稳定性低的市场,跨国企业更倾向于在前者中用所有权换取合法性。

Yiu & Makino(2002)综合了交易成本理论和制度观点来分析364个日本海外子公司的样本,发现在交易成本理论之外,制度理论为解释外资进入模式选择提供了一个更强的解释力量。当跨国公司在进行外资进入模式选择的时候，倾向于遵守东道国的规制环境、当地民众的规范压力和认知模式。

制度对组织绩效的影响，在国家之间是不同的，因为在一个国家，制度的发展和延续具有路径依赖和高度本土化的程序。Khanna和Palepu（1997）认为，新兴经济中的制度环境特征是不发达的资本市场、可靠市场信息的缺失、商业操作中过度的政府干预、缺乏强制执行合同有效机制。这种"制度漏洞"使得市场交易在欠发达经济体中比在发达经济体中的效率更低下，并且在交易中产生了更多的不确定性。文化价值差异带来的民族差异同样导致了经济增长的不同，宣扬儒家学说和集体主义的国家比其他的国家经济情况更好（Franke、Hofstede & Bond，1991）。与此类似，有强烈合作意识和高度相互信任的国家经济更为活跃（Knack & Keefer，1997）。公司可以降低监管和强制执行合同的成本，因此可以提高绩效（La Porta et al.，1997）。这种制度的稳定性和有效性决定了在给定国家做生意的成本，公司绩效水平在国家之间有明显的差异（North，1990；Kostova & Zaheer，1999；Delios & Henisz，2000）。

其次，行业制度要素和企业、个体层面要素对组织绩效的影响。Shimizu et al.（2004）认为，跨国并购作为一种进入国外市场模式的选择通常受以下因素影响：①企业层面因素，即跨国经验、本地经验、产品多样性、内部趋同性和国际化战略等；②产业层面因素，即技术强度、广告强度以及销售强度等；③国家层面因素，即东道国市场发展情况，母国及东道国文化特点，以及并购企业母国的特定文化（特别是规避不确定性和风险倾向）。其他研究（Brouthers，K. D. & Brouthers，L. E.，2000；Hennart & Reddy，1997）也发现行业要素，如高或低市场成长，通过并购增加了成功进入的可能性。企业层面因素，如产品多元化程度（Wilson，1980），跨国经营经验（Harzing，2002）和本土经营经验（Barkema & Vermeulen，1998），投资规模（Brouthers，K.D. & Brouthers. L.E.，2000），稍后进入国际市场（Wilson，1980）都与并购有正向关系。Tornikoski 和 Newbert（2007）从组织层面和个体层面研究了新创企业的合法性问题（如图 2-3 所示），发现战略合法性（strategic legitimacy）比顺从合法性（conforming legitimacy）在新创企业成功方面更有解释力，战略合法性所包含的企业临场应变行为（如准备商业计划、拓展市场、申请专利等）和资源整合行为（新创企业的资源获取、产品发展阶段、营销和推广等）对新创企业成功有正向影响。实证结果说明新创企业与其通过被动服从的方式来获取合法性，不如采用主动出击的方式。

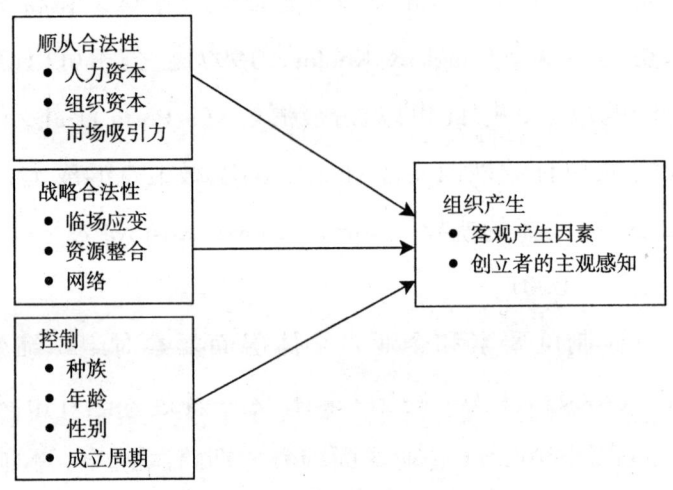

图 2-3 新创企业合法性的研究模型

资料来源：Tornikoski, E.T. & Newbert, S.L. Exploring the Determinants of Drganizational Emergemce: A Legitimacy Perspective [J]. Journal of Business Venturing, 2007, 22: 311-335.

2.1.4 小结：现有文献对中间作用机制和制度情境的研究尚不深入

通过上述文献回顾，我们可以发现关于组织的新制度主义研究更强调组织运行背景的重要性。关于组织的制度理论，常常不会把组织本身作为研究焦点,而是更强调组织所处的制度环境的重要性(斯科特,2008)。但是制度既有稳定性,又具有变迁性。制度的稳定性,即所谓的惰性,是沉淀成本、既得利益和习惯化行为等的产物,这些过程得到交易伙伴的和约责任和规制性所施加的外部制约的支持,变迁对于组织来说是难以发生的,也是危险的(Hannan & Freeman,1984、1989)。然而,社会系统的一种去组织化倾向是很常见的,结构、规则和惯例常常被打破,所以规则、规范和信念的持续要求行动者积极监督持续进行的各种社会活动(Zucker,1988)。

早期的制度理论研究者主要关注固定的制度及其对组织的影响,常常从理论上断言制度影响的存在,并没有运用数据对理论推导进行检验。之后的组织研究开始关注制度过程,以及组织方式的扩散以及被广泛接受的社会过程(Tolbert & Zucker,1996;Hoffman,1999)。Tolbert 和 Zucker(1996)指出在应对各种立法、技术或市场力量的过程中,组织中的行动者创造并推广新思想和解决方案;他们提出的很多解决方案,因不能令人满意而被放弃;然而有些创新则被证明是可靠的,逐渐获得广泛关注。这些创新在组织内部和组织之间的互动过程中被广泛接受,成为习惯。"客观化包括组织决策者们对某种结构的价值达成一定程度的共识,并在共识的基础上日益采纳这种结构……扩散的内在动力,则是简单的模仿转变为更具规范性的基础……创新总体上既是认知性的过程,又是规范合法性的过程"(Tolbert & Zucker,1996)。"在制度化的最后阶段,即'沉淀'阶段,创新在数代人之间持续传递,或者大量扩散到所有潜在采纳者的相关组织种群中"(Tolbert & Zucker,1996)。大部分历时性的制度研究停留在理论描述的阶段,虽然也有一些文章进行了实证检验(Hoffman,1999),但是由于研究时间跨度长、数据获取困难等原因,制度化过程和制度变迁等历时性制度研究还需要进行更多的实证检验。

Peng（2002）首次正式提出了"制度—战略—绩效"的研究框架，也有文献讨论了面对制度压力的战略反应（Oliver，1991；Zadek，2004；Mirvis & Googinc，2006），体现了制度与组织战略的互构性（斯科特，2008），而不是简单的制度决定论。但是现有文献较少揭示战略这一中间作用机制，通常从产业组织理论出发，认为组织绩效与产业有关，产业的结构特征约束了企业行为，因而是长期绩效的决定因素（Porter，1980）。或者从资源基础观出发，认为公司在积累独特资源方面的特质是形成公司竞争优势的主要来源（Barney，1991；Wernerfelt，1984）。这些特质包括公司的特殊能力、形成特殊能力的途径，如专利设计和流程，以及促进公司各个事业部之间集体学习的能力。或者从制度理论出发，认为组织绩效与国家的经济制度、政治制度以及社会制度有关，因为经济、政治、社会制度和技术决定了生产和交易成本（Khanna & Rivkin，2001）。事实上所有的经济、政治和社会制度因素不会对组织绩效产生直接影响，而是要通过企业战略这一中间机制才能产生作用，因为在相同的经济、政治和社会制度情境下，不同的企业会获得差异化的组织绩效，而对这种差异化的有力解释就是不同企业的组织战略的差异。即使是在不同的经济、政治和社会制度情境下，如对跨国公司研究和创业研究，我们除了关注国家、产业等制度因素外，也需要把组织战略对绩效的影响考虑在内。因此，我们有必要研究战略这一中介机制，是如何将制度的要求通过企业的战略选择对组织绩效产生影响的。

2.2 企业社会责任的研究现状和缺口

2.2.1 企业社会责任的内涵和代表性观点

1923年,英国人Oliver Sheldon最早提出"企业社会责任"(CSR)概念,其基本含义是企业对影响到其他实体、社会、环境的行为负有责任。美国学者多德和伯利曾就企业目的展开讨论,多德认为企业对员工、消费者、合作伙伴、社会公众等利益相关者负有责任;伯利则认为,企业的唯一目的就是为股东谋取最大利益。[①] 企业社会责任问题引起越来越多的关注,国内外学者从不同视角对社会责任问题提出了自己的见解。1953年,现代企业社会责任的开拓者Bowen在《商人的社会责任》一书中指出企业有义务制定符合社会期望的政策,采取符合社会价值的行为(Bowen,1953)。Carroll(1979)指出企业社会责任包括经济责任、法律责任、伦理责任和慈善责任,这四个维度的权数分别是4、3、2、1,我们将这一关系称为"Carroll结构"。同时Carroll将企业社会回应划分为四种类型,分别为反应(reaction)、防守(defense)、适应(accommodation)、前瞻(proaction)。1984年管理学家Freeman在《战略管理——利益相关者方法》一书中提出企业的社会责任是增进企业各利益相关者的利益(爱德华·弗里曼,2006)。安德鲁斯(1995)认为企业履行社会责任应该遵守经营道德和商业伦理,

---

① 甘培忠. 公司社会责任的制度起源与人文精神解构[J]. 北京大学学报(哲学社会科学版),2010, 47 (2): 119-125.

捐助社会慈善事业，改善企业内部的生活质量，而不仅仅是为了获得经济回报。Wood（1991a）指出企业社会责任包括社会责任原则、社会责任过程和社会责任结果。学界对企业社会责任的内涵还有分歧之处，卢代富（2001）对此进行了总结，认为主要集中在四个方面：第一，对企业社会责任的构成是否应以慈善动机为条件。事实上，企业实施客观上有利于公益慈善的行为，动机如何很难认定，将动机作为企业社会责任的成立条件缺乏可操作性。第二，企业社会责任中是否包含自愿的内涵。既然企业社会责任包括了法律责任，那么履行社会责任就不会是完全的自愿行为，因此自愿与否不是界定企业社会责任的考量要素。第三，企业社会责任是否包含牺牲经济利益的内涵。正如 Davis 和 Blomstrom（1975）所言，企业经济目标和社会责任是对立统一的，有时企业履行社会责任会导致短期经济绩效的损失，但从企业社会责任有助于企业与利益相关者的和谐关系来看，又对企业的长期经济绩效大有益处。第四，企业社会责任强调的是行为本身还是行为结果。企业社会责任其实是社会对企业行为的要求、规范和约束，应该引导企业承担社会责任的社会导向。

学界对企业社会责任的态度大致可以分为三类（卢代富，2002）。第一类是企业社会责任的反对者，如 Gunnes（1974）认为企业对众多社会问题负有直接责任是不切实际的，Rutherford Smith（1974）认为企业社会责任概念模糊，只是企业宣传的工作，并没有实际操作应用的功能。第二类是学者表面上不拒绝企业社会责任，实际上是股东利益最大化的坚定拥护者，代表人物是诺贝尔经济学家弗里德曼和哈耶克。Friedman（1962）指出商业经理人的主要责任就是公司价值最大化，作为股东的代理人，企业经理没有承担与企业盈利和成长无关的社会责任。哈耶克（2000）认为如果企业偏离利润最大化的目标，将危及自身的生存和发展。第三类是企业社会责任的支持者，他们认为企业承担社会责任可以获得政府和监管机构的支持、满足公众期待、创造负责任的良好企业形象、带来更多合法性资源和利润（斯蒂芬·D.罗宾斯，2004）。McGuire（1963）指出企业除了承担经济责任、法律责任，还应承担相应的社会责任。还有学者从社会福利的视角认为社会责任是决策者在考虑自己利益的同时，也有改善社会福利的义务（Davis & Blomstorm，1975）。

2.2.2 企业社会责任战略的前因后果研究现状

2.2.2.1 企业社会责任战略的"前因"研究

学界争论的核心问题是公司为谁的利益而存在？企业为什么要承担社会责任？是为了获得长期经济绩效，因为社会责任支出具有"广告"效应（Burt，1983）；为了培育积极声誉来吸引消费者（Creyer & Ross，1997；Ellen、Mohr & Webb，2000）和潜在员工（Turban & Greening，1997；Greening & Turban，2000）；还是由于文化、制度和政治原因，为了获得合法性或差异化竞争（Bansal & Roth，2000；Hoffman，1999；Himmelstein，1997）。在现有文献中，"冗余资源论"认为较高的经济绩效使企业可以在社会绩效上投入更多（McGuire、Schneeweiss & Sundgren，1988；Orlitzky、Schmidt & Rynes，2003；Waddock & Graves，1997）。另一些研究认为，是全球竞争和制度压力促使企业社会绩效的提高（Sharfman Shaft & Tihanyi，2004）；利益相关者（Freeman，1984）认为是利益相关者压力推动了企业社会绩效的改善（Henriques & Sadorsky，1999；Kassinis & Vafeas，2006；Shrivastava，1995）。Garriga（2004）总结众多企业社会责任研究，认为主要从四个理论角度来探讨社会责任动因：①工具论（Instrumental Theories），企业承担社会责任是因为这样做使企业更加有利可图（Jones，1995）；②政治论（Political Theories），关注企业在社会上的权力，以及在政治上使用该权力的义务；③综合论（Integrative Theories），认为企业应关注满足社会需要的理论；④伦理论（Ethical Theories），企业对社会负有应尽的伦理责任。以下理论的主要观点和代表人物如表2-2所示。

表2-2 企业社会责任动因分类

工具论	股东利益最大化	Friedman (1970), Jensen (2000)
	获得竞争优势的战略	Porter and Kramer (2002), Hart (1995), Lizt (1996), Prahalad and Hammond (2002), Hart and Christensen (2002), Prahalad (2003)
	目标相关市场	Varadarajan and Menon (1988), Murray and Montanari (1986)
政治论	企业制度	Davis (1960, 1967)
	综合社会契约理论	Donaldson and Dunfee (1994, 1999)
	企业公民	Wood and Lodgson (2002), Andriof and McIntosh (2001)
综合论	问题管理	Sethi (1975), Ackerman (1973), Jones (1980), Vogel (1986), Wartick and Mahon (1994)
	公共责任	Preston and Post (1975, 1981)
	利益相关者管理	Mitchell et al. (1997), Agle and Mitchell (1999), Rowley (1997)
	企业社会绩效	Carroll (1979), Wartick and Cochran (1985), Wood (1991), Swanson (1995)
伦理论	规范化利益相关者理论	Freeman (1984, 1994), Evan and Freeman (1988), Donaldson and Preston (1995), Freeman and Phillips (2002), Phillips et al. (2003)
	普遍性权利	The Global Sullivan Principles (1999), UN Global Compact (1999)
	可持续发展	World Commission on Environment and Development (Brutland Report) (1987), Gladwin and Kennelly (1995)
	公共物品	Alford and Naughton (2002), Mele' (2002), Kaku (1997)

资料来源：Garriga, E. and Mele', D. Corporate Social Responsibility Theories: Mapping the Territory [J]. Journal of Business Ethics, 2004, 53: 51-71.

下面让我们来分析企业社会责任前因的几个重要视角。

（1）竞争优势视角下的企业社会责任。

企业社会绩效的竞争优势观是在企业是否应该承担社会责任的争论中逐步发展起来，是新古典经济学阐释企业社会责任动因的主要构成部分。学者们通过证明好的社会绩效与好的财务绩效之间密切相关来支持应将企业冗余资源（slack resources）用于社会责任的观点。从理论分析上来看，学者们提出了在企业竞争优势目标下企业社会责任如何与日常经营结合的理论，代表性观点是波特在20世纪90年代提出的企业慈善竞争力理论，以及将社会议题与竞争优势相结合的战略理论。

Porter 和 Linde（1995）提出了绿色竞争力观点，认为企业从控制污染到阻止污染是一大进步，但是企业还必须做得更好，同时合理的监管可以推动企业进行环境友好型创新。Porter 和 Kramer（2002）分析了企业慈善带来的竞争优势，指出长期以来人们认为企业的经济目标和社会目标是相互矛盾、相互冲突的，事实上企业的竞争优势取决于其运营的环境，如改善教育虽然是一个社会问题，但是一个地区的教育水平会从根本上影响一个公司的潜在竞争力。企业的竞争力取决于劳动力、资本、自然资源等赖以生产高质量产品和服务的生产力，所以企业需要受教育的、健康的劳动力；需要降低污染和排放来确保足够的自然资源。因此，从长远来看，企业的社会目标和经济目标是整合在一起的，这并不意味着公司的慈善支出都会带来社会效益或者说每个社会效益都会提高竞争力，只有当企业支出同时实现了社会目标和经济目标，企业慈善和股东利益重合时，才会真正提高竞争力，图2-4中经济利益和社会利益重合的部分说明企业慈善对企业竞争力有重要影响。

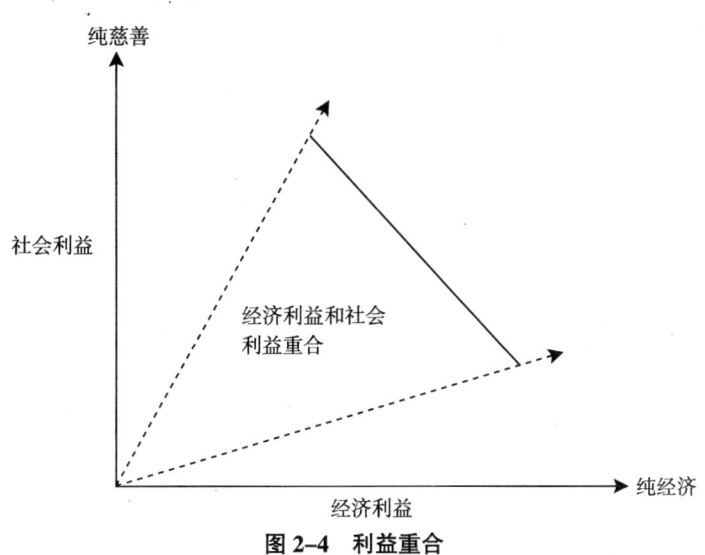

图2-4 利益重合

资料来源：Porter, M.E. & M.R. Kramer. The Competitive Advantage of Corporate Philanthropy [J]. Harvard Business Review, 2002, 12: 5-16.

Burke 和 Logsdon（1996）指出企业社会责任能给企业带来大量商业利益，是战略性的，并最早提出了战略性企业社会责任（strategic corporate social responsibility）这一概念和战略性企业社会责任五维度模型，并且认为战略性企业社会责任可以实现帮助企业赢得市场、获得客户支持、提高生产效率等目标，从而为企业带来经济利益。Husted 和 Allen（2007）与 Burke 和 Logsdon 的五维模型的不同之处在于，前者认为企业没有必要自愿履行企业社会责任，强制的战略性企业社会责任同样有助于企业获得竞争优势。

Porter 还以竞争优势理论为基础，将企业社会责任划分为战略性（strategic）和回应性（responsive）两种类型。Porter 认为战略性企业社会责任可以持续提升企业竞争优势；企业社会责任可以成为机会、创新和竞争优势的来源，而远远不止是成本、约束或慈善行为；人们应该从全新的视角看待企业和社会的关系，而不是将企业成功和社会福利看成零和博弈；社会责任和公司业务联系越紧密，则越有可能平衡公司资源、造福社会（Porter & Kramer, 2006）。

国内的一些研究也探讨了企业社会责任与企业竞争优势之间的关系。中国企业在海外扩张进程中只有实践全球化的企业社会责任标准，才能在国际市场上具有竞争优势（徐二明、郑平，2006）。而对于在华的跨国企业来说，履行企业社会责任是其建立和维持与各利益相关者良好关系的重要措施，以获取关系资本，并在市场竞争中获得竞争优势（刘刚、黄苏萍，2010）。在实证研究方面，杨蓉等（2008）建立了社会责任和核心竞争力的指标体系，通过回归分析发现我国上市公司社会责任成本与核心竞争力在总体上呈较强的正相关关系。石军伟等（2009）用151家中国企业的数据对转型经济中企业社会责任对组织竞争优势的影响进行了检验，建议中国企业基于社会资本的"战略性社会责任"超越"慈善导向的社会责任"，并以此来积聚竞争优势。李庆华和胡建政（2011）以沪深两市679家上市公司为研究对象，发现企业社会责任总体指标对企业竞争优势有显著的正向影响。

（2）社会契约视角下的企业社会责任。

企业除了追求经济理性，道德伦理和社会价值也被国内外学者和企业家视为社会责任的重要影响因素。学者们通常认为社会契约理论支持了企业社会责任的概念。斯蒂纳等（2002）认为社会契约非常抽象，但却包含着企业必须符合公众期望的概念，契约不加任何严格限制增加了企业对很多社会问题的责任，实际上是一种广义的企业责任。Donaldson和Dunfee（1994）在《商业伦理的统一概念：综合性社会契约理论》一文中指出商业伦理研究主要有两种方法：实证法和规范法，所谓规范法是指受哲学训练的学者用纯规范的方式研究商业伦理，所谓实证法是指商学院的研究者将实证方法应用到公司和组织伦理的研究中。Donaldson和Dunfee（1994）提出了综合性社会契约理论（integrative social contracts theory），将实证法和规范法结合起来，该理论认为伦理义务有两个层次：第一，理论上的宏观社会（macrosocial）契约广泛存在于所有理性个体之间；第二，实践上的微观社会（microsocial）契约，实际存在于经济共同体中。Donaldson和Dunfee还认为企业和社会有一种隐形契约，其核心内容就是企业伦理的社会责任，企业应该承担对利益相关者的承诺和责任（唐纳森、邓菲，2001）。通过上述分析，我们可以看出综合性社会契约把宏观社会契约和微观社会契约结合起来，在坚持宏观社会契约的道德规范的同时要兼顾行业、企业内的具体协议，并将两者保持一致。

国内学者陈宏辉和贾生华（2003）梳理了基于综合性社会契约理解的企业社会责任观，综合性社会契约之所以能将企业社会责任和利益相关者联系起来，主要有两个原因：一是"工具性观点"，即企业承担社会责任、兼顾利益相关者要求的行为是有利可图的（Jones，

1995），是一种实现企业经营目的的手段和工具（instrument），Goodpaster（1991）将这一观点称为"策略性"的利益相关者分析；二是"规范性观点"，即不管企业经营情况如何，都应该承担社会责任，回应利益相关者的要求（Donaldson & Preston，1995），Goodpaster（1991）把这种规范性观点称为"多方信托"的利益相关者分析。

李淑英（2007）认为社会契约理论为企业社会责任提供了一个分析框架，组织通过与社会建立契约来获得合法性，因此企业行为必须符合社会公众期待。同时企业和社会之间的关系是不断变化的，并最终带来企业社会责任观的演进。

（3）制度理论视角下的企业社会责任。

制度因素对企业社会责任影响受到越来越多的学者的关注（Galaskiewicz，1985）。由于竞争优势和社会契约理论并不能解释企业社会责任领域的所有问题，学者们试图运用其他理论来研究企业社会责任的驱动因素。制度规范和组织趋同融合了政治、组织、社会等多学科理论基础，在企业社会责任经济理性解释的基础上，提供了基于制度理性的研究视角。正如Oliver（1997）所指出的，企业在获取、积累和运用资源的过程中往往受到制度理性的制约，特定历史、文化、规范和传统的约束对组织决策者吸收新资源以及改变现有资源的意愿产生影响。

Jones是较早从制度动因视角探讨企业社会责任的学者，Jones（1999）系统提出了与企业社会责任有关的制度动因，分析了在社会文化层面、国家层面、行业层面、企业层面和个体层面为企业社会责任创造良好制度基础的途径。Jones（1999）发现：①当社会责任在社会文化中比较重要时，利益相关者管理是更加有效的；②利益相关者管理与国家的经济发展水平正相关；③利益相关者管理在第二产业、高知名度行业、消费品行业、新兴行业以及竞争激烈的行业中更加显著；④利益相关者管理在年轻企业、小型企业、实行差异化战略的企业以及紧密控制的企业中更具可能性；⑤当社会责任是个体价值体系的一部分时，利益相关者管理将更有可能。概括而言，制度条件为利益相关者管理提供了合法性和可行性。

制度因素究竟如何对企业社会责任产生影响呢？Campbell（2007）和 Marquis（2007）的研究回答了这一问题。Campbell（2007）认为企业财务绩效和竞争环境对企业社会责任具有直接影响，而制度因素调节经济条件和企业社会责任行为之间的关系。政府执法力度、行业自我规制效果、非政府和其他独立组织对企业行为的监督，企业与员工、工会、社区、投资者等利益相关者的制度性交流等制度因素对企业社会责任行为具有间接影响。

组织通过强制性同构机制、模仿性同构机制和规范性同构机制走向趋同（DiMaggio & Powell，1983）。Marquis（2007）基于社区内的制度压力分析了企业社会责任的本质和程度，如图 2-5 所示，并且认为：①社区层面的文化认知因素将影响企业社会行动的本质，塑造企业社会行动的重点和形式，并带来社区内的同构性（Isomorphism）；②社区层面的社会和规范因素将影响企业社会行动，企业与当地非营利组织联系越紧密，企业社会责任水平越高；③社区内的规制因素将影响企业社会行动的本质，法律和政治的关注将推动企业社会行动；④社区中的企业对企业社会行动的内容和形式的认识越一致，社区企业的社会行动的整体水平越高。Marquis 的思想体现了新制度主义的趋同性和合法性对组织如何嵌入组织环境的重要解释。

还有很多从制度理论视角研究企业社会责任的实证文章。Christmann 和 Taylor（2001）对中国百余家企业的研究发现，出口导向型跨国企业的环境自我规制要明显高于非出口导向型跨国企业，对于出口到发达国家的企业而言，环境表现尤为良好。显然，对参与全球市场的企业来说，所在区域的政府环境规制强度是企业环境战略所需考虑的制

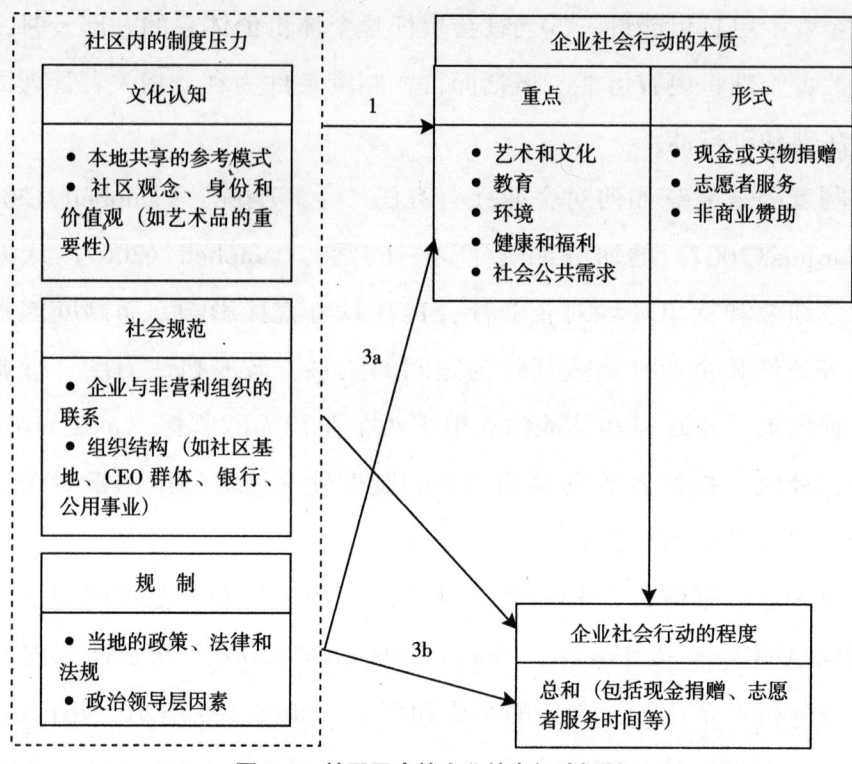

图 2-5 社区层次的企业社会行动机制

资料来源：Marquis, C., M.A. Glynn and G.F. Davis. Community Isomorphism and Corporate Social Action[J]. Academy of Management Review, 2007, 32 (3)：925-945.

度因素，企业为了进入环境标准严格的欧洲等发达国家市场，而主动采取更高标准的环境自我规制。

Hoffman（1999）研究了美国化工行业。20 世纪 70 年代之前，政府几乎没有针对环境影响的措施，后来随着环境运动的出现和发展，关注环境的人越来越多，影响也越来越大，促成了一系列法律的颁布，并成立了实施这些法律的机构。到了 20 世纪 90 年代，形成了行业环境主义域，Hoffman 发现处于同样行业环境的企业趋向于采用相似的战略来回应他们面临的制度压力。这充分说明宏观社会环境直接影响了企业的环境决策，而企业群体对新事务的接受反过来又促进了组织场域的形成和制度的变迁。表 2-3 具体显示了美国化工行业对环境压力的战略反应。

第 2 章 文献综述

表 2-3 美国化工行业如何回应环境压力

阶段	基本战略	来自《化学周刊》的代表性陈述
1962~1970 年	反应战略	否认环境问题的严重性，认为这些问题完全能够通过行业技术力量得以解决
1971~1982 年	防御战略	"国会似乎决定在已有的 27 项健康和安全规制的基础上增加一项规制。这将使环境保护局（EPA）成为化工沙皇。民主社会没有任何机构应该拥有那样的权力"（1975）
1983~1988 年	适应战略	"EPA 因进展缓慢而饱受批评……但是，我们认为它表现良好"（1982）。"EPA 应该为它的进展和成就被称赞"（1982）
1989 年至今	超前战略	"绿色线是基线——空气净化法等同于效率。你听闻的所有关于空气净化法实施费用的事可能都是错误的……聪明的竞争者将勇于开拓绿色革命"（1990）

资料来源："阶段"和"来自《化学周刊》的代表性陈述"来自 Hoffman, A. J. Institutional Evolution and Change: Environmentalism and the U.S. Chemical Industry [J]. Academy of Management Journal, 1999, 42 (4): 351-371.
"基本战略"来自彭维刚. 全球企业战略 [M]. 北京：人民邮电出版社，2007：500-505.

从表 2-3 中的基本战略可以发现，企业通常会结合行业特点、企业文化等实际情况对制度压力做出反应，形成不同的社会责任战略反应，彭维刚（2007）认为反应战略（reactive strategy）是由于高管较少或完全没有支持企业社会责任目标而形成的（Henriques & Sadorsky, 1999）；防御战略（defensive strategy）是由于公司高官认为企业社会责任会增加成本或带来麻烦；适应战略（accomadative strategy）得到高管的支持，他们越来越认为企业社会责任是值得努力做的事；超前战略（proactive strategy）则是优秀的公司积极应对企业社会责任并努力做得更好，高管支持企业社会责任并将社会责任视为差异化优势的来源。采取超前战略的企业常常积极参与地区的、国内的和国际的政策讨论（Keim, 2001）；主动与利益相关者集团开展合作（Rondinelli & London, 2003）；更是自愿采取超越法规的行动（Bansal & Roth, 2000）。除此之外，其他学者也针对企业面对的制度压力提出了不同的战略反应模型，具体如表 2-4 所示。

表 2-4 制度压力和企业社会责任战略反应

制度理论中的战略反应模型 (Oliver, 1991)	企业社会责任路径模型 (Zadek, 2004)	企业公民阶段模型 (Mirvis, 2006)
默许	防卫策略	基础阶段
妥协	屈服策略	参与阶段

续表

制度理论中的战略反应模型 (Oliver, 1991)	企业社会责任路径模型 (Zadek, 2004)	企业公民阶段模型 (Mirvis, 2006)
逃避	管理控制	创新阶段
挑战	战略规划	整合阶段
操纵	公民参与	改造阶段

资料来源：根据相关文献整理。

Oliver（1991）认识到制度模式下资源本身和资源消耗之间的联系，认为组织对制度压力的反应不是消极服从，而是采取了战略性的反应态度——默许、妥协、逃避、挑战、操纵。组织发展社会责任战略会经历从防卫、屈服到将社会责任融入核心战略，再到企业公民的发展路径（Zadek, 2004）。而企业公民阶段模型提出在5个不同的发展阶段公民的核心概念是不同的，在基础阶段关注工作、利润和税收，在参与阶段关注慈善和环境保护，在创新阶段关注利益相关者管理，在整合阶段关注可持续发展或三重底线原则，在改造阶段则会改变游戏规则（Mirvis & Googins, 2006）。从上述学者的研究成果中，我们可以得到以下认识：①企业在与制度环境的互动中得到不断发展，企业对于制度压力可以表现出积极姿态；②在不同的制度压力下，企业在战略反应上都表现出被动和主动、低程度和高程度的差别，这与Weaver（1999）提出的松散式（decoupled）社会责任反应模式和耦合式（integrated）社会责任反应模式相吻合；③由于企业对制度压力存在差异化的战略反应，因此可以预见不同的战略反应将对其经济绩效和长远稳定发展产生影响。

（4）企业社会责任战略前因——综合视角。

企业社会责任是一个多维概念，因此一些学者从综合的视角来研究企业社会责任问题。Haley（1991）从三个不同视角研究了美国不断增长的企业捐赠，如表2-5所示。

Haley在文章中总结了学者们从必要投资、社会责任和社会价值这

表 2-5 关于企业捐赠的三个视角

	必要投资	社会责任	社会价值
目标	企业利润最大化	社会利益最大化	社会认同最大化
功能	广告和研发	社会契约	支配运营收入
主要利益相关者	股东	员工、当地社区、公众	经理人
分析层面	行业	企业	企业
理论基础	经济	伦理	社会

资料来源：Haley, C.V. Corporate Contributions as Managerial Masques: Reframing Corporate Contributions as Strategies to Influence Society [J]. Journal of Management Study, 1991, 28 (5): 485-509.

三个视角的研究成果。Navarro（1988）用行业数据验证了企业捐赠的有效性，发现捐赠和广告预算之间存在正向关系。而作为研发投入的捐赠则会帮助公司实现产品或技术创新，以便将来获得利益。Maddox & Siegfried（1980）发现了捐赠的变化和研发预算之间的正向关系，建议企业将捐赠看成一种降低成本的有效机制。研究者们还探讨了捐赠作为社会契约的功能，所有权和经营权的分离使经理人去实现更广泛的公众利益。如 Steiner（1975）把企业行为描述为自私、自利和良好社会公民的混合体，经理人甚至通过增加成本来推动社会影响力的提高。Siegfried et al.（1983）分析了 229 家企业，其中 92% 的企业承认捐赠改善了 CEO 和慈善组织的关系。经理人通过捐赠引起社会认同，而不是利润的立刻增加（Galaskiewicz，1985）。很多经理人承认他们通过捐赠来提升企业形象、增加销售额、建立公众关系，最终实现利润的长期增长（Atkinson & Galaskiewicz，1988）。总而言之，企业社会责任行为是企业对周围环境产生影响的主动尝试，而不仅仅是社会需求的被动回应。

美国学者 Schwartz 和 Carroll（2003）也从综合视角研究了企业社会责任的动力机制，认为企业社会责任的动力来自经济、制度和道德三个方面，三者交叉，或独立、或联合，对企业社会责任产生驱动力，模型如图 2-6 所示。Schwartz 和 Carroll 认为同时满足经济、道德、制度三方面要求的状态是最理想的状态。究竟什么是经济动力、制度动力和道德动力呢?在 Schwartz & Carroll 看来，经济动力对企业产生直接或间接正向经济影响，这种正向影响基于两个标准：第一是利润最大化，第二是股价最大化。带来直接经济利益的行为包括增加销售和避免诉讼，带来间接经济利益的行为则包括改善员工福利和提升企业形象等。任何旨在提高利润和股价的行为都可以被视为是受经济驱动的，虽然有些企业行为造成了利润下滑或股价下跌，但是这些行为本质上仍是受经济动力驱动的。

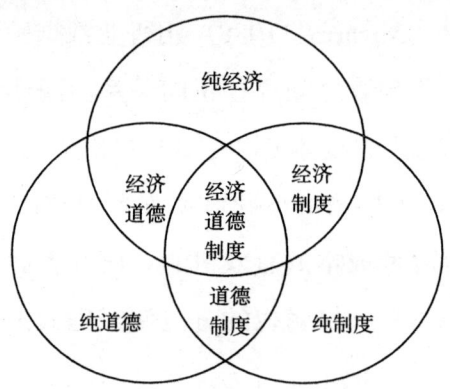

图 2-6 企业社会责任三动力模型

资料来源：Schwartz, M. S. & Carroll, A. B. Corporate Social Responsibility: A Three-Domain Approach [J]. Business Ethics Quarterly, 2003, 13 (4): 503-530.

制度动力主要由三个方面构成：①服从；②避免诉讼；③法律参与。其中服从又包含三种情况：被动、限制和机会，如表 2-6 所示。

表 2-6 制度动力

制度动力类型	主要含义	举例
被动服从	企业做的事情恰好符合制度规定	即使没有制度要求，企业的某种产品还是要符合既定的安全标准，这就是被动服从
限制服从	根据制度规定，企业被迫做一些事情	通常缴税就是一种限制服从
机会服从	企业为了从事某些活动去寻找制度漏洞，或是由于制度标准较弱而在特定范围内从事某些活动	企业选择在环保、员工福利或消费者保护制度不完善的发展中国家运营
避免民事诉讼	企业尽力避免现在或未来的民事诉讼	不制造危险产品、需要主动召回的产品或环境不友好的产品
法律参与	参与法律可以帮助企业阻止、修正或减缓新的制度规定的实施	企业通常需要为适应新制度规定做一些准备工作

资料来源：根据 Schwarta, M.S. & Carroll, A.B. Corporate Social Responsibility: A Three-Domain Approach [J]. Business Ethics Quarterly, 2003, 13 (14): 503-530. 整理而成。

第 2 章 文献综述

　　道德动力是指公众和利益相关者对企业社会责任的期待,包括三个标准:习俗、结果和义务。所谓习俗标准,是指关注正义和道德权利;所谓结果标准,是指要关注结果,"符合道德的事情最终要推动人的向善"(Hoffman、Frederick & Schwartz,2001);所谓义务标准,是指从事的活动要反映责任和义务(De George,1999)。企业或许敢于对个人的道德要求忽略不计,但绝不敢对整个社会的道德限定有丝毫怠慢,因为即使组织作为社会的服务者出现,也仍是社会的组成部分,必须以社会作为生存和发展的基础与保证。企业社会责任三动力模型为综合测量企业社会责任的动因提供了可能,将经济动力、制度动力和道德动力和制度理论相结合,变成具体可操作化的指标也是本书所做的努力。Schwartz & Carroll (2003) 还指出不同行业的企业社会责任是不一样的,如烟草行业和玩具行业,三动力的比重可能有所差别。此外,企业社会责任和财务绩效之间是否有关?因果关系如何?这些也是研究的内容。

　　国内学者也对企业社会责任动因进行了探讨。罗殿军、李季(2007)总结了欧美国家对企业履行社会责任的影响因素,认为主要有四方面的因素:立法强制、政策引导、文化价值观以及利益集团的反馈。戴瑞红(2007)认为企业社会责任主要受两个因素的影响,一是国家制度,二是大众压力,而这两个因素又会相互影响。

　　Bansal 和 Roth (2000) 从多个视角对企业生态反应进行了实证研究,如图 2-7 所示。Bansal & Roth 认为企业生态反应有四个驱动力:立法、利益相关者的压力、经济动力和道德动力。企业行为如果对生态造成恶劣影响,就会受到惩罚、罚款和巨大的成本代价。另外,消费者、当地社区等也会促使企业在决策时考虑生态影响(Berry & Rondinelli,1998)。企业通过加强产品流程管理,不仅减少了环境影响,而且降低了成本和废品处理费用(Lampe et al.,1991;Porter & van der Linde，1995）。最后，企业声誉和价值也会激励企业去考虑其社会角色和定位，因为从道德角度来说，企业应该做"正确的事"。

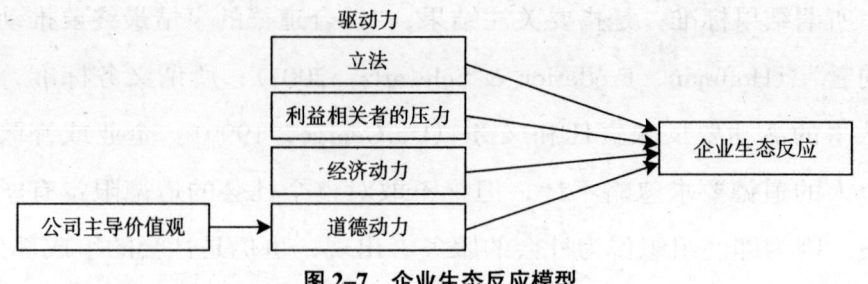

图 2-7　企业生态反应模型

资料来源：Bansal, P. & Roth, K. Why Companies Go Green: A Model of Ecological Responsiveness [J]. Academy of Management Journal, 2000, 43 (4): 717-736.

2.2.2.2　企业社会责任对组织绩效的"后果"研究

企业社会责任到底会对企业可持续发展和经济绩效产生怎样的作用呢？20世纪70年代以来，学界对此展开了广泛研究。John Elkington (1998) 提出了三条底线原则，认为只有坚持企业盈利、社会责任、环境责任的统一，才能实现可持续发展。Brian Nattrass 和 Mary Altomare 在《企业的自然之道》中阐述了企业如何运用"自然之道"框架来指导企业发展。"自然之道"是瑞典的一家非营利性环保组织，它所开发的"自然之道"框架被西方企业广泛采用 (Nattrass & Altomare, 1999)。企业通常把环保视为成本，然而有见识的管理者却把企业社会责任当作取得竞争优势的机会，它可以帮助企业降低成本，增强员工忠诚度，激发更多的创新。Hawken 和 Lovins 等 (1999) 在《天生的资本主义》中指出"下一次工业革命"将有四个战略中心，即改善制造过程的效率来保护资源；原材料的重复利用；价值观从追求数量转变为追求质量；对自然资源保护、重建、维持等方面的投资不断增加 (Hawken、Lovins, A. & Lovins, L. H.1999)。作者用"天生的资本主义"一词，意味着对于自然资源的利用将与传统的资本主义有很大不同。Hoffman (2000) 认为由于消费者和规则制定者更加关注环境，所以商业规则已经改变,迅速调整以适应新规则的企业将比那些没有调整的企业更有竞争力。Freeman 和 Pierce 等 (2000) 以三位不同背景的人之间的谈话为载体,探讨了在保护环境中的企业与伦理相随而行、企业保护环境的应对方法等问题。

关于企业社会责任与经济绩效的关系问题,国外学者并未取得一致的研究结论。主要有以下三种观点:①负相关,即企业社会责任会导致成本增加,削弱竞争优势(如 Friedman, 1970);②无相关,即影响企业社会责任和绩效之间关系的变量太多,所以两者之间无必然关联(如 McWilliams & Siegel, 2001);③正相关,即企业社会责任是可以带来内外部益处的资源,企业可以因此获得竞争优势(如 Shrivastava, 1995)。在上述三种观点中,第三种观点得到了大部分研究结论的支持。Harrison 和 Freeman (1999) 发现不承担社会责任的企业行为对企业价值产生负向影响。Ruf et al. (2001) 的实证研究发现企业社会责任对财务绩效产生正向影响。Stanwick, P.A.和 S.D. Stanwick (1998) 对 115 家企业 1987~1992 年的数据进行了回归分析,用企业声誉指数作为企业社会责任的衡量指标,发现企业社会责任和财务绩效之间存在正向关系。Preston 和 O'Bannon (1997) 比较了 67 家美国大型企业 1982~1992 年的社会绩效和财务绩效,同样发现两者之间存在显著正向关系。Orlitzky、Schmidt 和 Rynes (2003) 对西方著名数据库收录的近 20 年世界各国学者在国际学术期刊上发表的文章进行了元分析,得出了企业社会责任和绩效表现正相关的结论。Margolis 和 Walsh (2003) 总结了 1972~2002 年发表的 127 篇这方面的论文,其中有 109 篇把企业社会责任作为自变量来推测财务绩效,而在这 109 篇中,有 54 篇发现企业社会责任和财务绩效是正相关的,7 篇发现是负相关的,28 篇发现没有关系,还有 20 篇报告说是混合模式。在这 127 篇文献中,有 22 篇将企业社会责任看作因变量,由财务绩效来推测社会绩效,其中16篇指出企业财务绩效和社会绩效正相关,4篇研究了两者之间的双向关系。

Griffin 和 Mahon(1997)统计了 1972~1997 年 51 篇论文的研究结论,其中认为社会责任与财务绩效之间是正相关的有 33 篇,负相关的有 20 篇,无相关的有 9 篇,如表 2-7 所示。

表 2-7 公司社会责任与公司财务绩效关系研究的总结

正相关	无关或没有结论	负相关
20 世纪 70 年代(16 篇文献)		
Moskowitz(1972) Bragdon & Marlin(1972) Bowman & Haire(1975) Parket & Eilbert(1975) Moskowitz(1975) Belkaoui(1976) Fry & Hock(1976) Heinze(1976) Sturdivant & Ginter(1977) Ingram(1978) Bowman(1978) Spicer(1978)	Folger & Nutt(1975) Fry & Hock(1976) Alexander & Buchhol(1978) Abbott & Monsen(1979)	Vance(1975)
20 世纪 80 年代(27 篇文献)		
Anderson & Frankle(1980) Chen & Metcalf(1980) Kedia & Kuntz(1981) Fry et al.(1982) Freedman & Jaggi(1982) Cochran & Wood(1984) Newgren et al.(1985) Marcus & Goodman(1986) Rockness et al.(1986) Cowen et al.(1987) Spencer & Taylor(1987) Wokutch & Spencer(1987) Lerner & Fryxell(1988) McGuire et al.(1988)	Anderson & Frankle(1980) Freedman & Jaggi(1982) Ingram & Frazier(1983) Aupperle et al.(1985) Freedman & Jaggi(1986)	Chen & Metcalf(1980) Kedia & Kuntz(1981) Eckbo(1983) Strachan et al.(1983) Shane & Spicer(1983) Wier(1983) Cochran & Wood(1984) Jarrell & Peltzman(1985) Marcus & Goodman(1986) Pruitt & Peterson(1986) Davidson et al.(1987) Davidson & Worrell(1988) Hoffer et al.(1988) McGuire et al.(1988) Lerner & Fryxell(1988) Bromiley & Marcus(1989)

第2章 文献综述

续表

正相关	无关或没有结论	负相关
20世纪90年代（8篇文献）		
Holman et al. (1990) Morris et al. (1990) Coffey & Fryxell (1991) Riahi-Belkaoui (1992) Hart & Ahuja (1994) Johnson & Greening (1994) Waddock & Grave (1994)		Hill、Kelley & Agle (1990) Holman et al. (1990) Coffey & Fryxell (1991)

资料来源：Griffin, Jennifer J. & Mahon, John F. The Corporate Social Performance and Corporate Financial Performance Debate: Twenty-Five Years of Incomparable Research [J]. Business and Society, 1997, 36 (1): 5-31.

Roman、Hayibor 和 Agle（1999）在 Griffin 和 Mahon（1997）的基础上，对同样的51篇文献以及另外较新的4个研究结论重新进行了研究，得出的结论与 Griffin 和 Mahon（1997）差异较大。值得指出的是，其中有9篇文献被 Griffin 和 Mahon（1997）归入负相关一类，然而这9篇文献发现较差的公司社会责任带来较差的财务绩效，因此 Roman 将之归入了正相关一类中。Roman、Hayibor 和 Agle（1999）发现仅有5篇文献认为两者之间是负相关关系，具体分类结果如表2-8所示，从中可以看出，在进行了更加严谨的分类研究之后，支持企业社会责任和财务绩效负相关观点的研究大大减少了。

表2-8 企业社会责任与公司财务绩效关系研究的总结

正相关	无关或没有结论	负相关
20世纪70年代（12篇文献）		
Bragdon & Marlin (1972) Parket & Eilbert (1975) Bowman & Haire (1975) Belkaoui (1976) Heinze (1976) Fry & Hock (1976) Sturdivant & Ginter (1977) Bowman (1978) Ingram (1978)	Folger & Nutt (1975) Fry & Hock (1976) Alexander & Buchhol (1978) Abbott & Monsen (1979)	

续表

正相关	无关或没有结论	负相关
20世纪80年代（28篇文献）		
Anderson & Frankle (1980)	Anderson & Frankle (1980)	Kedia & Kuntz (1981)
Kedia & Kuntz (1981)	Chen & Metcalf (1980)	Eckbo (1983)
Strachan et al. (1983)	Ingram & Frazier (1983)	Marcus & Goodman (1986)
Wier (1983)	Aupperle et al. (1985)	Lerner & Fryxell (1988)
Shane & Spicer (1983)	Newgren et al. (1985)	
Cochran & Wood (1984)	Marcus & Goodman (1986)	
Pruitt & Peterson (1986)	Freedman & Jaggi (1986)	
Spencer & Taylor (1987)	Rockness et al. (1986)	
Davidson et al. (1987)	Cowen et al. (1987)	
Wokutch & Spencer (1987)		
Davidson & Worrell (1988)		
McGuire et al. (1988)		
Lerner & Fryxell (1988)		
Hoffer et al. (1988)		
Bromiley & Marcus (1989)		
20世纪90年代（10篇文献）		
Mirris et al. (1990)	Hill et al. (1990)	Holman et al. (1990)
Hart & Ahuja (1994)		
Johnson & Greening (1994)		
Waddock & Graves (1994)		
Frooman (1997)		
Griffin & Mahon (1997)		
Preston & O'Bannon (1997)		
Waddock & Grave (1997)		

资料来源：Roman, Ronald M., Hayibor, Sefa, & Agle, Bradley R. The Relationship Between Social and Financial Performance: Repainting a Portrait [J]. Business and Society, 1999, 38(1): 109-123.

国内也有一些关于社会责任与财务绩效关系的研究。李正（2006）分析了521家上市公司的数据，发现虽然从当期看，企业承担社会责任越多，其价值越低；但是从长期看，企业承担社会责任并不会降低其价值。杨熠、沈洪涛（2008）发现我国企业社会责任与财务绩效之间显著正相关，而且我国企业社会责任与财务业绩之间互为因果，互相促进。温素彬、方苑（2008）以46家上市公司为研究对象，发现企业社会责任对财务绩效有正向影响。乔海曙、谭明（2009）运用利益相关者理论，提出以股东、员工、消费者以及政府为利益相关者的金融企业社会绩效评价指标体系,通过对我国14家上市银行2003~2007年的数据进行回归分析,验证了金融企业履行社会责任可以提高财务绩效的假设。

商业银行承担社会责任的主要方法之一就是实施绿色信贷,绿色信贷的目的在于引导资金和贷款流入促进环境、社会和经济协调发展的项目领域,并从高污染、高能耗以及产能过剩的企业和项目中抽离,通过信贷杠杆实现资金的合理配置。何德旭、张雪兰(2007)认为推行绿色信贷有助于提升银行的经营绩效,帮助银行获得竞争优势。也有研究发现企业的环境管理对企业绩效有正向影响(Feldman et al., 1997; Repetto et al., 2000)。

我国商业银行已经意识到了环境管理蕴含的机遇和挑战,以及银行应当承担的社会责任。如招商银行、兴业银行等银行已加入联合国环境署金融计划项目(UNEP FI)。所有的上市银行和部分非上市银行定期发布社会责任报告和可持续发展报告,银行履行社会责任正在从单纯的社会期待向银行自觉行动过渡,并在未来有望成为促进银行稳定持续发展的核心战略之一。

我国关于企业社会责任与财务绩效关系的研究受到研究者的广泛关注,但总体而言,对这一问题的研究仍然处于起步阶段,实证研究中样本量较少,而且大都是截面数据,所以分析结果可能有一定的片面性。

通过对以上企业社会责任研究成果的总结,我们可以得出如下结论:

(1)学者大都认为企业应该将社会责任和环境问题纳入企业战略规划中。

(2)企业对资源、污染以及对发展中国家的过度利用等而造成的环境和社会问题是负有责任的。

(3) 企业获取自身利益本是无可厚非的，然而合理的、创新的环境和社会绩效将对企业的长远发展带来更多益处。

2.2.3 小结：现有文献基于合法性视角的研究还不够深入

制度的力量塑造着组织系统，企业社会责任战略往往给组织带来超越企业效益的组织合法性。企业社会责任战略本质上是获得组织合法性的一种符号性行为，受外部制度压力促发（Miller & Guthrie，2007）。近年来，越来越多的学者开始关注制度压力对企业社会责任战略的推动作用。Marquis 提出企业社会责任是由文化、制度和政治等力量共同推动的（Marquis，2007；Bansal & Roth，2000）。美国学者 Schwartz & Carroll（2003）认为企业社会责任是由经济动力、制度动力和道德动力这三个动力共同促进的。Joseph（2001）同样认为企业社会责任由制度、道德和经济三个因素共同驱动，其中经济动因是最根本的内在动因。Hess（2002）认为驱动企业对利益相关者负责、履行社会责任的动力主要是竞争优势因素、比较优势因素和新道德市场因素。然而几年之后，Hess 则意识到制度要素对企业社会责任的重要作用，强调了组织趋同、规范和资源依赖这三种机制对社会责任的影响方式（Hess & Warven，2008）。综合上述学者的研究，我们有两点发现：①制度压力是企业社会责任的一个重要驱动因素，企业外部的制度环境是企业社会责任战略的关键推动力。②每个企业的战略目标、文化和价值观是不同的，因此不同企业对制度压力的感受程度是不同的（Delmas & Toffel，2008），合法性目标追求下的社会责任理性并不是严格的制度环境决定论，企业会根据自己的具体情况来做出反应（Hoffman，2001）。

从上述有关企业社会责任战略的前因后果的研究成果可以发现，目前的文献较少从合法性的视角对企业面临的社会责任压力提出细分变量并进行实证研究，即使是运用制度理论研究企业社会责任的文献也大都是从理论上提出了企业社会责任的制度动因,而没有进行实证检验(Jones,1999;Campbell,2007)。因此,本书试图从合法性的视角细分企业社会责任压力,提出研究变量,运用行业数据检验社会责任压力对社会责任战略的影响,以及社会责任战略对未来企业绩效的影响,即探究企业社会责任战略的前因后果。

2.3 利益相关者理论与企业社会责任的关系研究

2.3.1 利益相关者与组织合法性

利益相关者理论是20世纪60年代在西方国家逐步发展起来的,进入20世纪80年代后,利益相关者理论日趋成熟,促进了企业管理方式和治理模式的转变。20世纪60年代,奉行股东利益至上的英美等国的经济遭遇困难,而经营中兼顾利益相关者利益的日本、东南亚等国家和地区的经济迅速崛起,现实促使学界和企业界探索在世界不同地区的企业经营出现差异的原因。研究发现股东利益至上的治理模式使经理人处于短期目标的压力之下,无法顾及公司的可持续发展;而日本的公司注重利益相关者的要求,融合了人本主义的管理思想(Blair,1995)。虽然利益相关者管理可能无法解释各国企业经营差异显著的所有原因,但是从此利益相关者和企业社会责任受到了人们普遍而持久的关注。在利益相关者理论形成的几十年中,弗里曼(Freeman)、多纳德逊(Donaldson)、克拉克森(Clarkson)、琼斯(Jones)、科林斯(Collins)、卡罗尔(Carroll)、布莱尔(Blair)、米切尔(Mitchell)等学者为利益相关者理论的发展做出了重要贡献。利益相关者理论的奠基

之作是弗里曼1984年的《战略管理——利益相关者方法》。数年之后,弗里曼(2010)对该书的主要观点进行了总结:①

(1) 无论你的立场如何,最终目的如何,必须考虑你的行为对他人的影响,以及他人的行为对你的潜在影响;

(2) 你必须了解利益相关者的行为、价值观和背景,为了保持成功,需要明确"我们主张什么";

(3) 有些焦点问题可以作为"我们主张什么"或企业战略的答案;

(4) 需要了解利益相关者关系如何在三个层面分析中起作用:理性层面、过程层面和交易层面;

(5) 我们可以应用这些想法来思考新的结构、流程和业务功能,可以重新考虑如何在战略规划过程中,将利益相关者考虑进去;

(6) 利益相关者的利益需要,随着时间的推移保持平衡。

弗里曼(2010)还指出了该书的不足之处,并且提出未来的利益相关者可以与伦理联系起来,去回答公司如何改善每个利益相关者,如何更好地权衡利益相关者关系等问题。

加拿大学者Clarkson极大地推动了利益相关者理论的发展,Clarkson于1993年在多伦多组织了有关利益相关者问题的国际研讨会,多纳德逊(Donaldson)、弗里曼(Freeman)、克拉克森(Clarkson)、琼斯(Jones)、科林斯(Collins)、卡罗尔(Carroll)等知名学者都参加了此次会议,他们普遍赞同企业是由利益相关者组成的系统,企业目标是为利益相关者创造价值以及谋取利益,而不是仅仅追求股东利益最大化(Clarkson,1995)。

社会责任理论家感兴趣的一个重要领域是对合法利益相关者的定

---

① 弗里曼. 利益相关者理论的开发:一条特殊的路 [A]//肯·史密斯,迈克尔·希特. 管理学中的伟大思想:经典理论的开发历程 [C]. 徐飞,路琳译. 北京:北京大学出版社,2010:335-350.

义（弗里曼，2010）。Phillips 和 Reichart（1998）认为理论无法区分出个人和团体中的利益相关者。Mitchell、Agle 和 Wood（1997）讨论了这一问题，并设计了一个有关利益相关者身份的框架，运用权力(power)、合法性（legitimacy）和紧迫性（urgency）这些定性标准开发出所谓的"谁的原则以及什么是真正重要的原则"的理论，在判定利益相关者身份的框架中，权力本身并不能确保利益相关者与经理人之间关系的重要性，权力通过合法性取得权威、通过紧迫性获得实践。关键构念如表 2-9 所示。

表 2-9 在利益相关者识别及特点中的关键构念

构 念	定 义	来 源
利益相关者	能够影响或被组织目标的达成而影响的任何组织或个人	Freeman, 1984; Jones, 1995; Kreiner & Bhambri, 1988
权力	社会行动者之间的一种关系，在这种关系中，社会行动者 A 能使另一社会行动者 B 做某事，否则 B 就不会做此事	Dahl, 1957; Pfeffer, 1981; Weber, 1947
基础	强迫性——迫使/威胁 功利性——物质/鼓励 规范性——符号化影响	Etzioni, 1964
合法性	广泛接受的感知或假定，即在某一社会建构的规范、价值、信仰和定义中主体行为是可取的、恰当的、正确的	Suchman, 1995; Weber, 1947
基础	个体的 组织的 社会的	Wood, 1991
紧迫性	利益相关者要求立刻关注的程度	基于韦氏词典的定义
基础	时间敏感性——经理人推迟出席的程度或利益相关者不能接受的关系 临界——利益相关者的要求或关系的重要性	Eyestone, 1978; Wartick & Mahon, 1994; 基于 Hill & Jones, 1992; Williamson, 1985 的资产专用性
特点	经理人给予相互矛盾的利益相关者要求的优先权程度	基于韦氏词典的定义

资料来源：Mitchell, R.K., Agle, B.R. &Wood, D.J. Toward a Theory of Stakeholder Identification and Salience: Defining the Principle of Who and What really Counts [J]. Academy of Management Review, 1997, 22 (4): 853-886.

当前，我们面临的问题是是否有不合法的利益相关者，如果有，那么合法性又该如何界定。Freeman、Clarkson、Donaldson、Dunfee 和 Preston 等学者在缩小"谁的原则以及什么是真正重要的原则"的范围的进程中，试图找到利益相关者与经理人之间关系的合法性基础。这些理论家认为利益相关者理论必须有"规范性核心"，即判断哪些关系是合法的，哪些是不合法的标准。而权力、合法性和紧迫性这三个原则给我们提供了一个判断的框架。

2.3.2 利益相关者与企业社会责任的关系研究

Freeman（1984）一方面促使学者们从战略管理、企业伦理视角研究利益相关者理论，另一方面为经理人管理利益相关者关系提供了一套方法。而后继的很多研究也将利益相关者理论的研究拓展到商业规范、公司治理和组织理论、企业社会责任和绩效等领域。西方学者在利益相关者理论框架内对企业社会责任的研究主要集中在企业社会绩效的内涵、企业社会绩效的理论根源、企业形成社会绩效的行为模式、企业承担社会责任与经济绩效的关系这四个方面。

利益相关者压力框架（如图2-8所示）具体显示了公司必须面对的社会责任需求。企业社会责任压力主要来自三个方面：①主要的利益相关者，如所有者、员工、客户和供应商；②次要的利益相关者，如政府组织和行动者、当地社区和政府；③广泛的社会压力，如全球标准、多重底线而非传统的经济至上（Waddock、Bodwell & Graves, 2002）。通过全面责任管理框架，我们发现可以从不同利益相关者的视角来分析企业社会责任的压力来源。因此，我们在测量商业银行企业社会责任压力时结合了合法性的和利益相关者的视角。

主要利益相关者压力
- 所有者
效率和利润需求
可持续
社会投资的增长
- 员工
报酬和福利
安全和健康
工作权力/全球劳工标准
平等对待
- 客户
对"绿色"和"道德"产品的需求
"非血汗工厂"运动
- 供应商
交易平等
生意持续

次要的利益相关者压力
- 非政府机构/行动者
要求获得更好的人权、劳动权力和环境绩效
- 社区
相邻选择
- 政府
要求透明度
反腐败
遵守法律和规制
经济发展

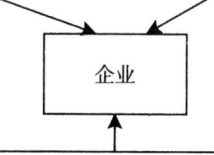

社会压力
- 最优行列
创造条件使企业名列前茅以提高声誉
- 全球准则和标准
公众对公司期待的改变
- 三重底线报道
对责任的要求
对透明度的要求
强调经济、社会和生态绩效

图 2-8 关于公司全面责任管理体系发展的利益相关者和社会压力

资料来源：Waddock, S.A., Bodwell, C. & Graves, S.B. Responsibility: The New Business Imperative [J]. Academy of Management Executive, 2002, 16 (2): 132-148.

第3章 模型构建与假设提出

3.1 商业银行的社会责任压力和利益相关者压力

从文献综述中可以看出,对于制度合法性主要是从规制、规范和认知三个角度来阐述的。其中规制合法性主要来自政府、专业机构等部门制定的规章制度;规范合法性主要来源于社会价值观和道德规范;认知合法性主要来源于有关特定事务或观点的扩散。那么具体到中国商业银行的社会责任,其合法性的压力来源主要包括:

(1) 规制合法性:来自于行业监管部门,主要是中国人民银行和中国银监会的规章制度、通知、意见等的要求。

(2) 规范合法性:来自社会道德规范和价值观等社会准则的约束,主要是媒体和公众的要求等,银行的行为要符合社会准则的要求。

(3) 认知合法性:来自对企业社会责任的认知的扩散,这种扩散体现为企业社会责任活动为大众所了解,在这个过程中,通常是模仿机制在发挥作用,银行间的社会责任行为会通过模仿机制产生社会影响力,而使没有履行或较少履行社会责任的银行面临更大的认知合法性压力。

再从利益相关者理论来看,企业社会责任的利益相关者压力来自主要利益相关者压力、次要利益相关者压力和广泛的社会道德压力。具体到商业银行,其利益相关者的压力来源主要有以下几方面:

(1) 主要利益相关者的压力:股东和员工是其最核心的利益相关者,他们是否愿意将企业利润投入在企业社会责任上构成了银行社会责任的主要利益相关者压力。

(2) 次要利益相关者的压力:政府和行业监管机构是商业银行履行社会责任的次要利益相关者,政府和监管机构要求商业银行积极履行社会责任,促进银行业和谐持续发展。

(3) 广泛的社会压力:商业银行面对的广泛社会压力是媒体和公众的要求,商业银行不仅要实现自身的可持续发展,同时要减少市场系统风险并保持金融体系的稳定;另外,获得和维持公众对银行的信任是银行业甚至是整个国家经济体系稳定运行的关键。

因此,从制度理论和利益相关者理论出发,本书对商业银行面对的社会责任压力进行细分:

(1) 规制合法性产生的压力。

监管的压力:行业监管机构,主要是中国人民银行和中国银监会对商业银行社会责任的要求,也是来自次要利益相关者的压力。

(2) 规范合法性产生的压力。

媒体和公众的压力:媒体和公众作为广泛的社会活动参与者,从社会稳定与和谐发展、社会道德和价值观的角度对商业银行社会责任提出要求。

是否上市:与非上市银行相比,上市银行由于受到广泛的媒体关注、涉及众多小微投资者的利益,因此承担更大的社会责任压力。在模型检验过程中,将银行分为上市和非上市两种情境进行验证,以发现上市能否调节社会责任压力与社会责任战略之间的关系。

(3) 认知合法性产生的压力。

社会认可的压力：商业银行作为信用的中介，必须首先得到社会认可才能生存和发展，因此社会认可对其社会责任战略有着至关重要的影响。

3.2 概念模型的构建

在本书文献综述中，提到了制度因素与企业社会责任的研究成果。主要有：Marquis（2007）从社区内的制度压力角度分析了企业社会责任的本质和程度，从社区层面的文化认知因素、社区层面的社会和规范因素和社区内的规制因素这三个层面分析了制度压力对企业社会行动的本质和企业社会行动的程度的影响。Schwartz & Carroll（2003）对企业社会责任的动力机制进行研究，提出了三动力模型，即认为企业承担社会责任的动力包括经济动力、制度动力和道德动力。Bansal & Roth（2000）从多个视角对企业生态反应进行了实证研究，Bansal & Roth 认为企业生态反应有四个驱动力：合法性、利益相关者的压力、经济动力和道德动力。

而企业社会责任效用的主要研究成果是 Griffin & Mahon（1997）与 Roman、Hayibor & Agle（1999）的研究，研究发现了很多企业社会责任与财务绩效呈正相关的证据。综合企业社会责任的动因和效用的研究成果，笔者认为可以从制度理论的视角研究企业社会责任压力对企业社会责任战略的影响，以及企业社会责任战略对财务绩效的影响。

笔者猜想：①企业社会责任压力，来自企业顺从政府和监管机构的要求，企业实施社会责任战略有利于拉近与政府之间的关系，有助于获取更多的资源和支持。②商业银行重视社会责任战略,其压力来自媒体和公众的要求,银行作为信用的中介,在媒体和公众心目中的信用声誉是其得到发展的重要基础。③社会认可的压力促使商业银行重视社会责任战略,以获得更多的认知合法性。④企业社会责任战略将有利于财务绩效的提高,帮助企业实现可持续发展。⑤是否上市调节企业社会责任压力和企业社会责任战略之间的关系,调节媒体和公众的要求和企业社会责任战略之间的关系,调节社会认可的压力和企业社会责任战略之间的关系。⑥企业社会责任压力对财务绩效的影响是通过企业社会责任战略来实现的。

因此,商业银行社会责任压力对战略选择和绩效的影响研究以企业社会责任战略为核心,考察了企业社会责任战略的压力和效用两个方面,揭开了商业银行社会责任压力的主要来源,分析了社会责任战略对企业财务绩效的作用;同时,揭示了企业社会责任压力对财务绩效的影响是通过企业社会责任战略这一中介产生作用的。基于对制度合法性的认识、对企业社会责任战略的动因和效用的猜想,以及文献综述中制度合法性和企业社会责任战略的相关研究成果,本书提出如图3-1所示的研究模型。

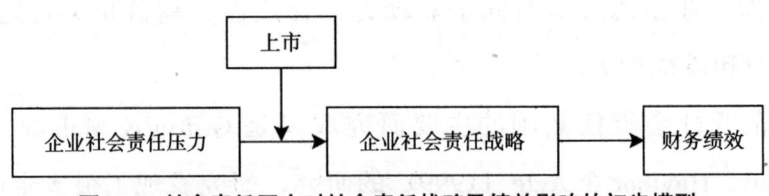

图3-1 社会责任压力对社会责任战略及绩效影响的初步模型

3.3 研究假设的提出

3.3.1 监管压力对企业社会责任战略的影响

监管机构的要求是一种强制性压力，通常来自政府的规制、要求和政策，以及来自行业和监管部门的规定，或者是企业在市场或行业内生存和竞争所必需的一些制度规制（Gular et al.，2002）。诺斯认为，尽管在组织域层面有很多正式和非正式的规制机构，如行业协会和广泛接受的竞争行为，当代社会中制定和实施规制的机构主要是国家，强制是其主要机制，以获取组织和个体的服从，行为的合法性取决于是否符合现有的规则和规定，组织和个人遵守规制的主要目的是得到奖赏和认可，以及避免惩罚。这种监管机构要求建立起关于企业社会责任的某种社会期待，并得到社会组织和个体的支持（Kagan et al.，2003），迫使企业行为符合社会责任的要求。Campbell（2007）指出，通过对企业施加强制性压力，有利于形成企业履行社会责任的氛围，也有助于政府制定和执行有关企业社会责任的法律规定。事实上，社会层面的制度因素对企业产生更大的影响，如果社会层面的制度因素能够不断完善，就能更好地实现企业社会责任（Jones，1999）。

此外，长期以来古典经济学理论把企业视为不断追求利润最大化的经济人。在这种经济人的假设前提下，企业对社会的贡献主要是经济贡献，那么企业行为就完全是利益驱动的，这就导致了很多不负责任的企业行为。短期内，这些逐利行为会给企业带来效益；但从长远来看，不负责任的行为必然破坏社会经济秩序、损害企业自身利益。

因此必须平衡"短期利益"和"长期利益"(周雪光,2009)。我国商业银行面临监管压力,监管机构要求商业银行在获取经济利益的同时,要承担相应的社会责任,实现可持续发展。2007年12月,中国银监会发布了《关于加强银行业金融机构社会责任的意见》(以下简称《意见》),明确提出银行业金融机构的企业社会责任至少应包括[①]:维护股东、员工和金融消费者的合法权益;反不正当竞争,反商业贿赂,反洗钱;保护环境,节约资源;改善社区金融服务;支持公益事业。《意见》还指出银行发展要坚持经济目标、环境目标和社会目标的统一,三重目标的统一应该成为银行实现可持续发展的核心战略。2008年1月,上海银监局颁布了《上海银行业金融机构企业社会责任指引》,规定银行业机构对其股东、员工、金融消费者等利益相关者以及社会与环境的可持续发展应承担法律责任和道德责任。2012年,在《中国银监会关于整治银行业金融机构不规范经营的通知》[②]中,要求纠正商业银行发放贷款时附加不合理条件和收费管理不规范等问题,其中的"减费让利"原则规定银行业金融机构应切实履行社会责任,对特定对象坚持服务优惠和减费让利原则,明确界定小微企业、"三农"、弱势群体、社会公益等领域相关金融服务的优惠对象范围,公布优惠政策、优惠方式和具体优惠额度,切实体现扶小助弱的商业道德。因此,我们推断:

假设1:监管压力对企业社会责任战略有正向影响。

3.3.2 媒体和公众的压力对企业社会责任战略的影响

媒体在社会生活的各个方面都发挥着重要作用,媒体和公众对企业的压力聚焦在舆论监督上。媒体和公众的压力对企业行为,尤其是

---

① 中国银监会办公厅.中国银监会办公厅关于加强银行业金融机构社会责任的意见.银监办发[2007]252号.
② 中国银监会办公厅.中国银监会关于整治银行业金融机构不规范经营的通知.银监发[2012]3号.

企业社会责任有重要影响（Baron, 2005; Berman、Wicks、Kotha & Jones, 1999; Chen & Meindl, 1991; Fombrun & Shanley, 1990; Henriques & Sadorsky, 1999; Siegel & Vitaliano, 2007）。对于很多缺乏与企业直接互动的利益相关者而言（Deephouse, 2000），媒体是降低信息不对称的关键合法来源，企业依靠媒体如何报道它们（McWilliams & Siegel, 2001; Siegel & Vitaliano, 2007）。媒体不仅是广告载体或反映企业行为的镜子，而且是通过社论和专题文章来形成信息的积极行动者（Fombrun & Shanley, 1990），因此媒体可以影响很多利益相关者的观点。

媒体作为制度构建过程中的一部分，塑造着合法化的可持续发展实践的规范准则（Bansal, 2005）。Simon（1992）认为媒体是环境信息的主要来源。媒体不仅在塑造制度规范的过程中发挥作用，而且在寻找值得报道的故事以反映价值取向的过程中扮演着积极角色。实证研究发现媒体对企业环境反应有重要影响（Bansal & Clelland, 2004; Bansal & Roth, 2000; Bowen, 2000; Henriques & Sadorsky, 1996），媒体透明度对企业社会绩效的某些方面有正向影响（Zyglidopoulos et al., 2009）。媒体可以提高企业的曝光率，进一步引起社会公众的关注。媒体对企业的负面报道一方面会对企业产生强制性压力，另一方面会推动环境保护团体和其他利益相关者游说相关组织和政府改变商业行为。媒体在影响相关利益团体的观点方面发挥着重要作用。

媒体和公众的要求对商业银行来说是十分重要的，媒体在塑造银行在社会公众中的形象和声誉的过程中发挥着重要作用。如2010年1月5日，《金融时报》报道：赤道原则已逐步成为国际项目融资的行业标准，目前全球有69家金融机构实行赤道原则，国内银行业中兴业银行成为首家采纳赤道原则的商业银行，并成立了可持续金融中心，负责碳金融等方面的产品和服务。在碳金融方面，国内的中国银行和深圳发展银行等推出了与二氧化碳排放额度相关的理财产品。如2010年3月13日,《金融时报》报道：为了解决国内小企业融资难等问题,银监会推进商业银行设立小企业金融服务专营部门,各商业银行纷纷响应,比如中国建设银行的信贷工厂模式、招商银行的打分卡模式、包商银行的地缘信贷模式等。这些专营部门为提高小企业的金融服务质量和水平起到了很大的推动作用。从第一则报道中公众可以了解到兴业银行、中国银行和深圳发展银行在碳金融方面取得了成绩,尤其是兴业银行成为国内首家赤道银行,对其充分履行社会责任将产生积极影响。通过第二则报道可以看出,公众因包商银行等城市商业银行为小企业授信的社会责任投资行为,对其产生了良好印象。可以说,媒体和公众的要求对企业社会责任战略产生积极的正向作用。因此,可以推测：

假设2：相对于低媒体和公众压力的银行而言,高媒体和公众压力的银行更倾向于选择社会责任战略。

3.3.3 社会认可的压力对企业社会责任战略的影响

社会认可在心理学中指对于社会性决策或社会性事件的肯定和接纳,其中认可有三个特征：公共性（community）、评价性（valuation）和批判性（criticalness）（邵志芳等,2010）。社会认可在多领域都有丰富的研究：①劳动经济学,如社会认可对职业选择的影响（Mani & Mullin, 2004）；②政治经济学,如婚外生育与社会认可程度的关系（Nechyba, 2001）；③社会关系测量学,如有效行为、社会认可与自尊的关系（Franks & Marolla, 1976）。

本书中的社会认可是指社会对企业行为的肯定和接纳。社会认可对企业履行社会责任战略有显著的正向作用,来自社会认可的压力和舆论压力明显提高了公司捐赠的可能性（徐莉萍等,2011）。社会认可一方面通过网络媒体、社会舆论等约束力量对企业不负责任的行为施加影响（张会芹，2010）；另一方面通过对企业正面行为的积极评价推动企业进一步实施社会责任战略。面对社会认可的压力，英国大部分上市公司都会公布企业环境政策声明（corporate environmental policy statement）去披露企业在环境和社会目标方面的战略意图（Kuk et al., 2005）。Reverte（2009）认为可以从合法性、代理理论和利益相关者理论的视角去探讨企业社会责任披露行为，发现有利可图这一因素并不能解释西班牙上市公司社会责任披露行为的差异，而最能解释差异性的因素是媒体揭露，其次是企业规模和行业，因此合法性为西班牙上市公司的社会责任披露行为提供了最合理的解释，即为了获得社会的认可和接纳。可以说，感受社会认可压力越高的企业会在社会责任战略方面投入越多。很多公司主动披露环境信息来展示其环境战略，特别是大公司以及与环境密切相关的公司（Brammer & Pavelin，2008），其驱动力正是合法性、竞争优势和财务因素（Verrecchia，1983；Trueman，1997）。

就中国企业社会责任而言，Gao（2009）对 2007 年涉及汽车、钢铁、家电、银行、保险、电力、矿产、石油和化工等 16 个行业的中国 100 强企业进行了研究，其中排名第一的是中国石油化工集团公司，排名第一百的是招商银行，上市企业 65 家，非上市企业 35 家，结果发现中国企业社会责任总体上仍处于起步阶段，且行业之间差异很大。在对不同行业的企业社会责任的具体研究中，Gao 指出银行业较多地关注为贫困人群的捐款、慈善捐赠、希望工程捐款、为受灾群众捐款、设立慈善基金、资助大学生、赞助文化或体育、反商业贿赂等方面。

社会认可压力的深层次来源在于中国传统"义利"思想，"义"通常指伦理道德强调的价值，"利"指人们的经济利益。如何处理好两者之间的关系，不同的文化有不同的取向。中国传统观念认为不加节制地放纵人和组织的需要和欲望，对达成和谐社会和理想人生起不到积极的作用。纯粹的逐利行为会引发争端,对儒家倡导的人生道德修为、对家族组织的纲常秩序,都极具破坏性(王利平,2010)。因此,中国传统观点强调商人在经营管理中要怀有"达则兼济天下"的理想来回馈社会,而不是一味地追求经济利益。儒家强调重义轻利,义为利先。荀子以为义利并重,认为物质是人们生存的基础,同时强调伦理道德制约物质利益的重要性。从古至今,中国商人通过多种途径回报社会:第一,投身公益事业,"修桥补路,尽是善事",古代没有大型公共设施,商人的公益事业往往从修桥补路和巩固堤坝这样的事情做起;第二,支持教育事业,古代商人利用充裕的资财,兴办文社、文会,为士子考前交流探讨提供条件,还常常捐资士子科举旅费;第三,慈善救济,建立以义庄为基础的宗族互助互济,建立行业内部的社会保障体系,甚至建立超越血缘、业缘关系的社区保障体系(龚汝富,2001)。在中国,一方面,处理好义利关系的企业才能获得社会认可,而另一方面,这样的社会认可压力有效推动了企业社会责任战略。因此,可以推测:

假设3:社会认可压力对企业社会责任战略有正向影响。

3.3.4 企业社会责任战略对未来财务绩效的影响

美国学者斯蒂芬·P.罗宾斯(2004)认为企业社会责任对经济绩效产生正向影响,企业履行社会责任为企业所带来的利益,足以补偿其付出的成本,这些利益包括良好的企业形象、讲究奉献的员工队伍、政府和社区的支持等。罗宾斯指出,没有足够的证据表明企业履行社会责任的行为明显降低了企业长期经济绩效。而对企业社会绩效的关注可以改善主要利益相关者之间的关系(Freeman,1984)从而带来企业整体效益的提高。如良好的员工关系会增强道德感、生产力和满意度;良好的社区关系会帮助企业更好地获得来自地方政府的支持。

Prahalad & Hamel（1994）认为积极的顾客关系、政府关系和社区关系正逐步成为企业竞争的基础。这些企业外部利益相关者的正面感知有助于增加企业产品销量，降低利益相关者的管理成本。Baron（1995）也认为企业的成功不仅依赖于产品和服务、分销渠道、供应链、价格等市场因素，也依赖于企业与政府、社会公众等各种利益相关者的关系。因此，企业社会责任对企业的影响绝不亚于经济绩效所产生的决定性影响，是企业竞争优势的重要来源之一。企业主动承担社会责任有利于改善竞争环境，提升社会形象和声誉，获得更多、更稳定的客户群体和社区的支持，这些将有利于提高经济绩效（王怀明等，2007）。此外，公司当期的财务绩效明显受其当期以及前期履行社会责任水平的影响（张兰霞等，2011）。从当期看，承担社会责任越多的企业，其企业价值越低；从长期看，承担社会责任并不会降低企业价值（李正，2006）。企业履行社会责任，满足利益相关者的利益需求，有利于增加股东财富，实现股东财富最大化（姚海鑫等，2007）。综合上述观点，企业社会责任战略有利于财务绩效的改善，对此我们可以从三个视角进行阐述。

（1）资源依赖理论的视角。组织作为一个开放系统不可能自给自足，为了生存必须与其环境进行交换，并获得资源，这是资源依赖理论的核心概念。组织由于对资源的需求而产生了对资金、劳动力、客户、合法性、技术等外部环境的依赖。而在今天物质和技术等有形资源相对容易获取和模仿的情况下，合法性等无形资源成为企业竞争优势的重要来源之一（Coff，1997）。有形资源通常通过市场获取，而无形资源则是通过企业与利益相关者的互动来获得。企业社会责任战略有助于企业获得合法性，得到更多利益相关者的支持，从而为企业获得更多的人才、资金等有形资源打开通道，提升经济绩效（贺远琼等，2007）。此外，外部环境的集中程度越高，组织对于输入的选择性越小，对于从某一集中来源获取特殊资源的依赖程度越高，组织越会受到限制，因此需要强有力的外部参与者的支持。外部约束如果由拥有权力的参与者行使，必然影响组织的决策和盈利能力（Burt，1983）。从这个意义上来说，企业社会责任战略有助于企业更好地获得外部支持者，从而推动经济绩效的提高。

（2）交易成本理论的视角。资源依赖理论从收益的角度探究了社会责任战略对经济绩效的正向影响，而交易成本理论则帮助我们从成本的角度去认识两者之间的关系。企业的成本包括显性成本与隐性成本。交易成本理论认为，如果企业满足了利益相关者要求，那么可以避免因遵守正式契约而造成的高成本。虽然在一些情况下，显性成本与隐性成本是负相关的。如企业投入资金来降低生产流程中的污染，一方面通过遵守环保规定降低了企业的隐性成本，另一方面由于资金的更多投入却增加了显性成本（贺远琼，2007）。但总体而言，增加的显性成本小于降低的隐性成本（Jones，1995），因此有利于经济绩效的改善。企业社会责任战略意味着推进企业与利益相关者之间的良好互动关系，从长远来看，实施社会责任战略的企业将不断降低隐性成本，获取长期的经济回报。

（3）制度理论的视角。企业社会责任是市场经济条件下，利益相关者对企业逐利行为进行非正式约束的一种必然的制度选择，企业承担和履行社会责任取决于利益相关者能否建立起一套关于企业道德、声誉、信任和互助机制的行为规则，鼓励企业积累社会资本，引导企业不断通过权衡社会资本的边际收益和社会责任的边际成本来优化内在价值，从而实现资源投入和产出的帕累托最优状态（苏冬蔚等，2011）。此外，从制度合法性的视角来看，社会责任战略意味着企业与政府、公众、客户、供应商等利益相关者建立了良好关系，获得了合法性，从而取得了进一步发展所需要的内部和外部资源以及各方面的支持。因此，可以推测：

假设4：企业社会责任战略与未来财务绩效正相关。

3.3.5 是否上市对企业社会责任压力和社会责任战略之间关系的调节作用

银行是否上市可以调节银行面临的社会责任压力和社会责任战略之间的关系。我国上市商业银行比非上市银行面临更高的社会责任压力，有其现实的原因。

（1）从监管的压力来看。上海证券交易所在2008年发布了《上海证券交易所上市公司环境信息披露指引》，要求上市公司报告"每股社会贡献值"[①]，即公司除了要为股东创造收益，还需要为国家创造税收、向员工支付工资、向银行偿还利息、向慈善组织捐赠等，同时需要排除企业因环境问题造成的其他社会成本。结合银行实际情况，因环境污染造成的其他社会成本通常为零，因此银行的"每股社会贡献值"主要包括为国家创造的税收、员工薪水、员工福利、培训费用、社会保障支出等。我国上市银行的每股社会贡献值较高，尤其是上市的股份制商业银行和上市的城市商业银行。以2011年各行年报中的数据为例，兴业银行每股社会贡献值为9.80元，同比增长69.04%；招商银行每股社会贡献值5.49元，较2010年的3.8元增长1.69元，增幅为44.47%；浦发银行每股社会贡献值为5.95元，较2010年的4.21元增长1.74元，增幅为41.33%；中信银行2011年每股社会贡献值2.33元，较2010年的1.63元增长0.7元，增幅为42.94%；南京银行2011年每股社会贡献值为4.15元，较2010年的2.81元增长1.34元，增幅为47.68%。《上海证券交易所上市公司环境信息披露指引》还要求上市

---

① 详见上海证券交易所.上海证券交易所上市公司环境信息披露指引.2008-5-14.

公司的社会责任报告至少包括三个方面①：①在社会可持续方面，包括：如何关爱员工、支持社区发展、对产品进行质量控制等；②在环境可持续方面，包括：如何控制污染、保护水资源、保持生物多样性等；③在经济可持续方面，包括：如何通过企业产品和服务为客户创造价值、如何为员工营造更好的工作前景、如何增加股东的经济收益等。可见，上市银行承担的监管压力比非上市银行高，同时也更能促进监管压力对企业社会责任战略的影响。因此，我们可以推测：

假设5：是否上市调节监管压力和企业社会责任战略之间的关系。相对于非上市银行而言，上市银行的监管压力和企业社会责任战略之间的正向关系较强。

（2）从媒体和公众的压力来看。我国的上市银行比非上市银行受到更多的媒体关注。我国现有16家上市银行，包括工、农、中、建、交五大国有大型商业银行，招商、浦发、华夏、民生、兴业、中信、深发展和光大八家全国性股份制商业银行，以及北京、南京、宁波三家城市商业银行。在非上市银行中，除了广发、浙商、渤海等几家规模较大的全国性商业银行，其他银行则较少进入公众的视线。特别是众多的城市商业银行，其主要业务集中在某些省市，在全国其他地方影响较小，也不太容易引起公众的关注。而我国上市银行的资产总额占据了整个银行业金融机构资产规模的一半以上，受到更为广泛的公众和媒体关注。几乎所有的媒体都更关注这些上市银行，而对非上市银行关注较少。我国城市商业银行大都积极谋求上市，其影响力在未来可能会逐渐加大。但是，在现有社会大环境下，上市银行为了获得规范合法性，必须将所承担的更大的媒体和公众压力转化为企业社会责任行动。

假设6：是否上市调节媒体和公众的压力与企业社会责任战略之

---

① 详见上海证券交易所.上海证券交易所上市公司环境信息披露指引.2008-5-14.

间的关系。相对于非上市银行而言，上市银行更能促进媒体和公众的压力对企业社会责任战略的正向影响。

（3）从社会认可的压力来看。任何企业都要面对社会认可的压力，社会认可压力事实上来自最广泛的利益相关者的要求。社会认可与社会认知、社会文化联系密切。企业行为符合社会认知，能够得到社会认可；反之则遭到社会指责。在心理学对个体的研究中，通常认为个人获得社会认可的需要（need for social approval）与积极的社会趋势，如低离婚率、低犯罪率以及低失业率等因素相关；而与渴望和自尊（anxiety and self-esteem）在时间维度上的改变无关（Twenge，2007）。在管理学对组织的研究中，社会认可是企业参与市场竞争、得到各方利益相关者支持、获取认知合法性的必然路径。上市银行由于要面对更广泛的利益相关者，受到更广泛社会群体的关注，牵涉到更广泛社会群体的利益，因此比非上市银行承担更多的社会认可压力。社会认可的压力对企业社会责任战略具有正向影响，对上市公司而言，这种正向关系无疑要比非上市公司强。因此，可以推测：

假设7：是否上市调节社会认可的压力和企业社会责任战略之间的关系。相对于非上市银行而言，上市银行的社会认可压力和企业社会责任战略之间的正向关系较强。

3.3.6 企业社会责任压力对财务绩效的影响是通过企业社会责任战略实现的

Peng（2002）首次正式提出了战略的制度基础观，认为制度基础观可以与传统产业理论、资源基础观并驾齐驱。产业理论和资源基础观产生于发达国家的研究，都假定制度是既有的，因此制度不会从"背景"中出现。在新兴经济体，如中国，制度条件及其转变极为重要，因此要将制度放在显著位置，这也为学者们利用该情境检验现有理论、发展新的理论视角提供了机遇（Peng，2003、2006）。近年来，学者们开始超越任务环境，去探索制度、组织和战略选择之间的互动关系（Oliver，1997；Peng，2003；Peng & Heath，1996）。正如中国研究和其他新兴经济体研究所证明的，这个领域更加意识到制度和组织之间关系的重要性（Boisot & Child，1996；Peng & Heath，1996）。将制度作为自变量，战略的制度基础观关注制度和组织之间的动态互动，把企业的战略和绩效视为这种互动的结果（Peng，2002、2003）。本书中的企业社会责任压力，即监管压力、媒体和公众压力、社会认可的压力，正是从制度合法性的规制、规范和认知三个层面细分出来的。从"制度—战略—绩效"的研究范式出发，我们认为企业社会责任压力对企业财务绩效具有正向影响，而且企业社会责任压力对财务绩效的影响是通过企业社会责任战略实现的。

（1）监管压力对社会责任战略及绩效的影响。我们通过几个具体指标加以分析。2011年，银监会发布了《中国银监会关于支持商业银行进一步改进小型微型企业金融服务的补充通知》，要求商业银行加大对小型微型企业的贷款投放。有观点认为小微信贷风险高，容易形成不良贷款。但是在小微信贷业务上，通过降低运营成本、信贷创新等方法在扩大覆盖面的基础上实现银行可持续发展，国际上已有成功范例。孟加拉国的格莱明银行、玻利维亚的阳光银行和印度尼西亚人民银行都是实现可持续发展的小额信贷银行。格莱明银行履行社会责任，为贫困人群提供无抵押、无担保的信贷，采用连带责任的小组贷款模式，形成了"低收入—获得贷款—投资—提高收入—提高储蓄—增加投资—增加收入"的良性循环。阳光银行致力于为低收入人群和小微企业提供融资，20世纪90年代，阳光银行逐步摆脱了政府补贴并实现盈利。由于阳光银行有效降低贷款成本，控制小额信贷风险，发展更多借款人进入小额信贷市场，最终实现了理想状态下的小额信贷供给和自身的发展。印度尼西亚人民银行则是从原来的国有银行成功转型为专业小额信贷银行的，为我国商业银行发展小额信贷提供了借鉴之处。在国内，中国民生银行定位于"民营企业的银行，小微企业的银行，高端客户的银行"，通过"商贷通"业务支持中小企业发展，2010年民生银行的不良贷款率为0.69，净利润率为0.32。招商银行也推出了"生意通"小微企业贷款业务，通过"永续额度"、"随借随还"和"50天免息"等功能吸引客户，招商银行不良贷款率2010年、2011年分别为0.68和0.56，净利润率分别为0.36和0.38。九江银行作为城市商业银行，在全省率先提出把小微企业金融服务作为全行发展的突破口。2010年，九江银行在改善社会责任战略的同时，其小企业贷款户数超过一万家，从在九江辖内银行业市场份额的最后一名，增长到第一名。2010年，九江银行的不良贷款率仅为0.17%，2011年再次实现下降，为0.12%；净利润率2010年和2011年则分别为0.43和0.51。

在环境风险管理方面，监管部门要求银行实施绿色信贷和金融创新。中国农业银行优先支持低碳经济，坚决限制"两高一剩"贷款。2010年，浦发银行绿色信贷创新产品之一的国际金融公司（IFC）能效融资获得重要进展，浦发银行向某发电项目发放贷款，IFC以1/2的比例提供损失风险分担，该项目节约了大量能源消耗，具有良好的社会和经济效益。光大银行与北京环境交易所推出"绿色零碳信用卡"，该卡独具卡片可回收、碳足迹计算器、邀约购碳计划、环保账单等绿色环保功能。商业银行在绿色信贷和金融创新方面的监管压力通过银行社会责任战略，促进了财务绩效的改善。因此，可以推测：

假设8a：监管压力对财务绩效具有正向影响。

假设8b：监管压力对财务绩效的影响是通过企业社会责任战略实现的。

（2）媒体和公众的压力对社会责任战略及绩效的影响。银行面对的媒体和公众的压力集中在两个方面：第一，银行作为金融服务企业，需要为公众提供完善、便捷的金融产品，满足公众金融活动的需要；第二，公众需要得到银行为之提供的安全、优质的服务。要达到第一点要求，银行必须不断创新，来满足日益增加的金融需要，我们可以将之理解为银行硬实力的改善。要达到第二点要求，银行必须提高服务质量，成为媒体和公众可以信赖的企业，我们可以将之理解为银行软实力的提高。不管是第一点，还是第二点，都将对银行的财务绩效产生积极作用，而且是通过银行社会责任战略来实现的。因此，可以推测：

假设 9a：媒体和公众的压力对财务绩效具有正向影响。

假设 9b：媒体和公众的压力对财务绩效的影响是通过企业社会责任战略实现的。

（3）社会认可的压力对社会责任战略及绩效的影响。越是社会认可的企业往往越会获得长期稳定的财务绩效回报，因为社会认可的企业必然获得了最广泛利益相关者的支持。感受社会认可压力越大的企业，越会在社会责任战略方面加大投入，以获得合法性。因此，可以推测：

假设 10a：社会认可的压力对财务绩效具有正向影响。

假设 10b：社会认可的压力对财务绩效的影响是通过企业社会责任战略实现的。

3.3.7 其他影响企业社会责任战略的因素

企业社会责任战略的影响因素，除了规制、规范和认知三个层面的企业社会责任压力之外，其他因素也可能产生作用。前人的研究发现企业规模、企业风险和财务表现都影响企业社会责任战略（Ullmann，1985；Waddock & Graves，1997），在研究中需要控制这些因素。

Brammer 和 Pavelin（2003）的研究发现企业规模对社会责任活动影响显著，大企业社会责任表现较好。Burke et al.（1986）的研究显示小企业不像大企业那样展示社会责任行为,这也许是因为小企业还处在成长阶段,更需要获得外部机构的关注,更需要回应股东的要求。Stanwick, P.A. & S.D. Stanwick(1998)和Chen-Fong Wu(2002)发现公司规模与企业社会责任有显著的正向关系。我们猜想规模越大的企业,越重视社会责任战略的改善。因此,在研究中需要消除规模因素对企业社会责任战略的影响。

Waddock & Graves(1997)认为企业管理的风险容忍对社会责任行为产生影响,这些行为可能潜在地带来:①节约(如回收或减少废弃物,起初需要投入,但是从长远来看,可以节约经费支出);②将来或现在的成本(如控制污染的设备有助于避免将来受到处罚);③营造(环境友好型企业)或是毁灭(被某些类型的人群认为是不友好的企业)市场。

较好的财务表现为企业投资社会责任,如员工关系、社区建设、环境管理等,提供了所需的冗余资源(slack resources)(Cowen et al., 1987; Hackston and Milne, 1996; Pirsch et al., 2007)。所谓组织冗余(Organizational slack),是指"实际的或潜在的资源使组织成功地适应内部调整的压力,或适应外部变革的压力"(Bourgeois, 1981)。冗余资源使企业可以投资于无法立刻获益的资源和能力(Levinthal & March, 1981),冗余资源有助于企业发展快速而全面地适应外部环境的资源和能力(Cheng & Kesner, 1997)。企业社会责任战略需要企业投入时间和金钱,在新技术方面,在新的健康、安全和环境项目方面等。有冗余资源的企业更乐于进行新的尝试,其社会责任投入会通过企业声誉或社会资本获得财务回报,而获得回报的过程是长期的。因此,财务表现是企业社会责任战略的重要影响因素。很多研究发现财务表现对社会责任产生显著的正向影响(Preston & O'Bannon, 1997; Simpson & Kohers, 2002)。McGuire et al.(1988, 1990)的实证研究也支持了冗余资源理论。低财务表现的企业更关注对增加企业收入有直接作用的活动，而不是与社会和环境有关的活动（Roberts，1992；Ullmann，1985）。从中国商业银行的实践和社会氛围来看：首先，在监管部门和全行业都在倡导企业社会责任的大环境中，商业银行倾向于将部分经济收益投向社会责任活动。这样做，一方面，可以向监管部门和社会公众有所交代，形成良好的企业形象和社会认同；另一方面，银行作为信用的中介，声誉和信用是企业生存的前提，而企业社会责任活动极大地帮助企业建立社会声誉。其次，从银行社会责任活动的可能性来看，一个企业如果不能维持自身运营，也就不可能回馈社会，因此企业良好的经济绩效为其从事社会责任活动提供了经济基础和保障。最后，中国传统的义利观也促使企业在取得自身发展之后不忘回报社会，以和谐和生存延续为最终理想，认为只有自身和社会和谐发展，才是一种安贫乐道的文明。

综合上述原因，在本书中，我们还控制了企业风险和财务表现对企业社会责任战略的影响。

综上所述，本书研究可归纳为如图 3-2 所示的研究模型。

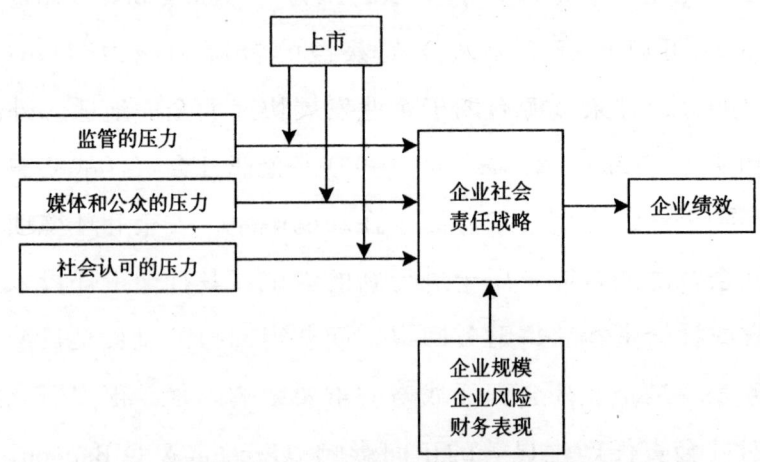

图 3-2 社会责任压力对社会责任战略及绩效的影响研究模型

第4章 研究设计与数据收集：以我国商业银行为研究对象

4.1 研究对象和数据来源

4.1.1 研究对象简介

本文以能够找到公开财务数据的 62 家我国商业银行为研究对象，包括 17 家全国性商业银行和 45 家城市商业银行。全国性商业银行可以分为两类，即由中国工商银行、中国建设银行、中国银行、中国农业银行、交通银行组成的大型商业银行（以下分别简称为工行、建行、中行、农行、交行），以及由招商银行、中信银行、上海浦东发展银行、中国民生银行、中国光大银行、兴业银行、华夏银行、广东发展银行、深圳发展银行、恒丰银行、浙商银行、渤海银行这 12 家银行组成的股份制全国性商业银行（以下分别简称招行、中信、浦发、民生、光大、兴业、华夏、广发、深发展、恒丰、浙商、渤海）。作为研究对象的 45 家城市商业银行分为大型城市商业银行、中型城市商业银行和小型城市商业银行，具体银行名称见表 4-1。2009 年，上述银行总资产和竞争力情况如表 4-1 所示：

表 4-1 中国商业银行竞争力分析

银行	资产（亿元）	风险	资本	盈利	流动性	综合财务评价
全国性商业银行						
建行	96233.55	0.775	0.799	0.765	0.778	0.778
工行	117850.53	0.701	0.823	0.753	0.729	0.753
招商	20679.41	0.790	0.739	0.659	0.467	0.699
交行	33091.37	0.672	0.797	0.699	0.532	0.699
中行	87519.43	0.665	0.788	0.695	0.576	0.697
兴业	13321.62	0.678	0.759	0.715	0.495	0.693
浦发	16227.18	0.730	0.738	0.635	0.567	0.682
浙商	1517.58	0.822	0.773	0.506	0.651	0.682
民生	14263.92	0.742	0.770	0.634	0.413	0.678
恒丰	2137.64	0.767	0.810	0.506	0.651	0.675
农行	88825.88	0.597	0.736	0.634	0.857	0.670
中信	17750.31	0.702	0.753	0.596	0.403	0.647
深发展	5878.11	0.719	0.632	0.660	0.382	0.643
光大	11976.96	0.679	0.739	0.604	0.343	0.634
渤海	1173.68	0.840	0.739	0.281	0.694	0.605
华夏	8454.56	0.701	0.733	0.384	0.446	0.573
广发	6664.87	0.587	0.640	0.492	0.600	0.568
大型城市商业银行（资产规模 800 亿元以上）						
包商	812.38	0.905	0.826	0.731	0.734	0.807
杭州	1499.91	0.865	0.840	0.761	0.608	0.797
南京	1495.66	0.867	0.875	0.700	0.697	0.794
重庆	808.66	0.918	0.848	0.707	0.584	0.793
北京	5334.69	0.797	0.885	0.698	0.680	0.773
大连	1268.29	0.854	0.872	0.557	0.729	0.742
哈尔滨	845.00	0.795	0.851	0.594	0.731	0.732
徽商	1624.00	0.877	0.829	0.609	0.442	0.728
宁波	1633.52	0.844	0.787	0.644	0.484	0.724
天津	1496.70	0.825	0.833	0.569	0.612	0.716
江苏	3933.00	0.840	0.752	0.636	0.502	0.713
上海	4660.39	0.830	0.761	0.532	0.405	0.666
吉林	1081.38	0.824	0.803	0.462	0.397	0.650
广州	1273.62	0.982	0.896	0.531	0.559	0.641
中型城市商业银行（资产规模 300 亿~800 亿元）						
台州	337.23	0.927	0.795	0.905	0.550	0.849
洛阳	307.53	0.873	0.855	0.730	0.733	0.808
稠州	325.01	0.922	0.859	0.685	0.543	0.786

续表

银行	资产（亿元）	风险	资本	盈利	流动性	综合财务评价
中型城市商业银行（资产规模300亿~800亿元）						
西安	626.47	0.793	0.917	0.712	0.585	0.775
长沙	640.00	0.758	0.780	0.781	0.544	0.755
潍坊	313.80	0.830	0.805	0.671	0.553	0.740
锦州	543.82	0.839	0.894	0.000	0.500	0.735
富滇	536.15	0.798	0.890	0.553	0.567	0.712
郑州	428.00	0.839	0.888	0.467	0.718	0.709
青岛	436.29	0.822	0.907	0.513	0.538	0.707
温州	410.17	0.833	0.802	0.598	0.455	0.705
河北	548.46	0.820	0.876	0.491	0.595	0.696
汉口	625.43	0.831	0.815	0.520	0.603	0.695
宁夏	372.00	0.760	0.896	0.539	0.506	0.691
绍兴	333.98	0.759	0.829	0.465	0.478	0.646
威海	410.39	0.853	0.010	0.246	0.514	0.594
小型城市商业银行（资产规模300亿元以下）						
乌海	85.46	0.938	0.906	0.865	0.834	0.894
桂林	151.07	0.846	0.857	0.750	0.717	0.800
泰隆	262.45	0.862	0.855	0.744	0.630	0.796
九江	230.08	0.957	0.857	0.563	0.490	0.783
东营	172.47	0.911	0.867	0.678	0.550	0.783
民泰	240.95	0.845	0.866	0.599	0.884	0.768
柳州	183.50	0.854	0.874	0.576	0.852	0.762
内蒙古	206.42	0.710	0.916	0.627	0.687	0.730
湖州	144.92	0.875	0.804	0.617	0.464	0.726
青海	138.30	0.801	0.833	0.570	0.752	0.725
金华	197.80	0.808	0.870	0.616	0.451	0.720
珠海	117.19	0.941	0.935	0.311	0.678	0.693
阜新	141.82	0.795	0.827	0.529	0.604	0.691
泉州	114.86	0.712	0.812	0.535	0.501	0.654
烟台	262.59	0.835	0.480	0.119	0.403	0.569

资料来源：王松奇. 中国商业银行竞争力报告（2010）[R]. 北京：社会科学文献出版社，2011：53-54，141-145.

从表4-1可以看出，本书的研究对象包括17家全国性商业银行、14家大型城市商业银行、16家中型城市商业银行、15家小型城市商业银行，涵盖了我国不同规模和不同类型的商业银行，而且不同规模的商业银行比例基本持平（如图4-1所示）。总资产并没有和基于风险、资本、盈利和流动性这4项指标的综合财务评价形成正相关关系；

相反，一些中小城市商业银行的综合财务指标超过了大型城市商业银行，甚至超过了全国性商业银行，因此资产规模并不会对综合财务指标产生重要影响。从我国银行业资产结构可以看出（如图4-2所示），本书的研究样本涵盖了我国前四类的银行业金融机构中的三类，除了农村金融机构，这是由于农村金融机构的特殊历史发展进程和现状，对此已有专门的研究。

本书研究以上述62家商业银行2008~2011年的财务数据、社会责任报告和媒体报道作为样本数据。

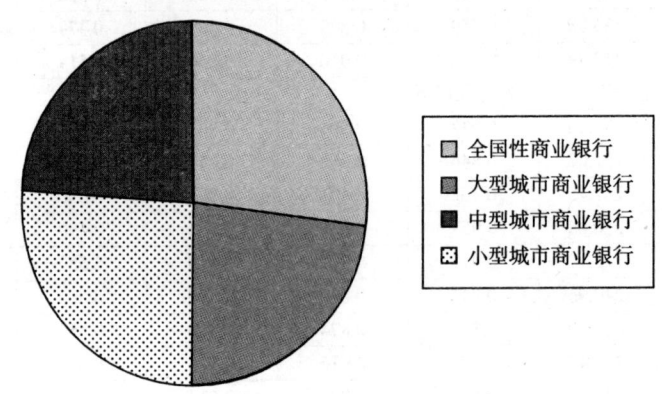

图4-1 样本的分布情况

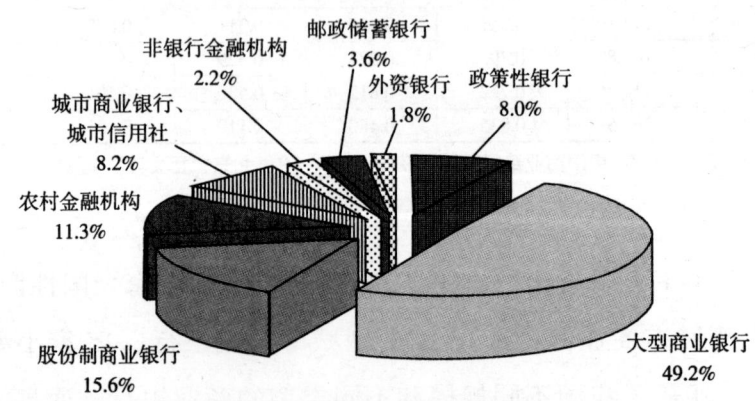

图4-2 我国银行业资产结构

注：相关数据截至2010年12月末，银行业金融机构本外币资产总额为95.3万亿元，比上年同期增长19.9%；负债总额89.5万亿元，比上年同期增长19.2%。

资料来源：中国银监会网站。

4.1.2 样本数据来源

本书主要数据来源是：

（1）权威媒体：从行业权威媒体《金融时报》收集自变量的相关报道，进行内容分析，测量自变量。

本书研究获取了《金融时报》2008~2010年每一期报纸的电子版，收录完整后进行整理和编码。表4-2是2008~2010年《金融时报》报道内容的统计概况。

表4-2 《金融时报》2008~2010年报道内容数量统计

	出版的报纸期数	报道的则数
2008年	248	14774
2009年	277	17386
2010年	271	16323

（2）企业年报：主要获取我国商业银行2008~2011年总资产、总负债、净利润、营业收入、净资产收益率、净利润率等财务数据；并获取社会责任战略和社会认可压力的相关数据。

（3）企业社会责任报告和可持续发展报告：主要获取企业社会责任战略和社会认可压力的相关数据。

（4）企业网站：主要获取企业财务数据、企业社会责任战略以及社会认可压力的相关数据。

4.2 内容分析法

4.2.1 内容分析法的概念和应用

内容分析法是一种对于传播内容进行客观、定量描述的研究方法，即通过一定的方法对大众媒体，包括广播、电视、报纸、期刊中的新闻报道，采用一定标准对其进行量化评价。内容分析法作为一种分析文本资料的方法被广泛应用到各种管理研究中。Abbott 和 Monsen (1979) 曾对福布斯 500 强企业的年报进行了内容分析，发展了企业社会责任披露量表。Bowman 和 Haire (1975) 对 82 家食品加工企业的年报进行了内容分析，用关于企业社会责任和行为的篇幅占年报的行数百分比来衡量企业的社会责任。

Bansal (2005) 最早将环境完整 (environmental integrity)、经济繁荣 (economic prosperity) 和社会公平 (social equity) (WCED, 1987) 这三个原则应用到企业层面，提出了企业可持续发展的三个原则：通过企业环境管理实现环境完整 (environment integrity through corporate environment management)、通过企业社会责任实现社会公平 (social equity through corporate social responsibility) 以及通过价值创造实现经济繁荣 (economic prosperity through value creation)，并用内容分析法对加拿大石油天然气、伐木和采掘企业的可持续发展在环境、经济、社会三个方面进行了描述，如表 4-3 所示。

可持续发展思想和企业社会责任的核心是一脉相承的，都强调企业在环境、经济和社会等维度的行为符合规制、规范和文化认知的要

表 4-3 企业可持续发展三原则的具体指标

环境完整
开采或制造产品比以前或比对手对环境产生的伤害更少
开采或制造产品所使用的原料比以前或比对手对环境产生的伤害更少
选择可补充或可再生的资源投入生产
减少生产过程对环境的影响或取消有害环境的生产环节
取消或减少在环境敏感地区的运营
试图改进流程以减少环境事故发生的可能性
简化流程以减少废弃物
本企业在生产中使用废弃物作为原料
负责地进行废物处理
负责地处理或储存废弃物

经济繁荣
与政府官员一起保护公司利益
在同样产出水平下减少投入成本
在同样产出水平下降低废物管理成本
基于生产过程或产品的环境绩效的营销努力,区别对待生产过程或产品
出售废品获得收入
创造附带技术以在其他商业领域获利

社会公平
通过正式对话在投资决策中考虑利益相关者的利益
与公众沟通企业对环境的影响和风险
改善员工或社区的健康和安全
保护原住居民或当地社区的权力
关注企业设施和运营的直观影响
认识并满足当地社区行动的资金需求

资料来源:Bansal P. Evolving sustainably:A longitudinal study of corporate sustainable development [J]. Strategic Management Journal,2005,26:197-218.

求,而且在实践中,我国一些商业银行已经将社会责任战略和可持续发展三原则纳入自己的战略规划。国际和国内组织机构也要求银行履行社会责任,联合国环境署的《金融机构关于环境和可持续发展的声明书》以及赤道原则,尤其是赤道原则在金融发展史上具有里程碑意义。赤道原则从环境和社会责任的角度建立了金融机构的新行业标准,要求金融机构对项目融资中的环境和社会问题尽到审核调查的义务。根据中国银行业监督委员会《关于加强银行业金融机构社会责任的意见》、中国银行业协会《中国银行业金融机构企业社会责任指引》以及《上海证券交易所上市公司环境信息披露指引》等规定,很多商业银行定期发布社会责任报告,基本都是从环境、经济和社会三个方面来披露信息的。如兴业银行在 2009 年社会责任报告中指出,兴业银行

遵循"社会责任与可持续金融"的核心理念和价值导向,坚持低碳经济、绿色信贷、能效融资和赤道原则等社会责任理念,是国内首家为企业提高能源使用效率、开发利用清洁能源和可再生能源等项目提供融资支持的银行。因此,本书也在环境、经济和社会三个维度上测量了企业社会责任压力。

4.2.2 内容分析的编码员

为了提高信度,理论上通常要求多个编码员对同一文本进行评判。在本书研究中,共有3个编码员,即笔者和两名管理专业的研究生。整个编码过程如下:

第一步,编码员筛取《金融时报》2008~2010年报道中所有与商业银行有关的报道,并给每则报道设一个代码,如2008年1月第10篇就设代码为2008-1-10。所有与商业银行有关的报道内容统计如表4-4所示。

表4-4 有关商业银行的报道内容

时间	报道的则数												
	1月	2月	3月	4月	5月	6月	7月	8月	9月	10月	11月	12月	总计
2008	342	433	491	559	550	548	587	476	375	388	461	630	5840
2009	438	493	556	452	424	606	742	621	565	429	609	651	6586
2010	578	17	536	555	548	587	713	680	611	505	651	760	6741

第二步,给编码员提供详细的编码说明,对变量的每项测量指标以及关键点进行了阐述,并就少量报道进行了编码演示。在此过程中,笔者和另外两位编码员互动交流,更深入地了解研究意图和流程。

第三步,进行预编码。抽出2008年1月,2009年1月以及2010年1月的相关报道,笔者和两名编码员分别进行评判分析,并将笔者的分析结果和两名编码员的结果进行比较,检查编码的一致性,针对不一致的地方展开讨论并达成共识。在此过程中,共进行了三次集中交流,直到内容分析的信度达到90%以上。

第四步，正式编码。对样本进行大规模编码，笔者每周都从其他编码员提交的编码结果中抽取大约20%的报道进行重复编码，进行对比并分析差异原因，及时反馈，以保证编码结果的可靠性。

对企业社会责任战略的测量，也是由笔者和两名编码员共同完成的。步骤如下：

第一步，给两位编码员提供企业社会责任战略的测量指标，解释每项指标的含义，并举例说明，让编码员对各项指标有清晰的认识。

第二步，从银行年报、社会责任报告、可持续发展报告和企业网站等多个来源对少量研究对象的每项指标进行是/否评判，笔者与两位编码员互动交流，以保证评判一致性。

第三步，从社会责任报告、年报和企业网站等多个来源对所有研究对象的每项指标进行是/否评判，对所有研究对象笔者和两名编码员都进行了重复评判，以使评判结果更加可靠。

4.2.3 内容分析的信度

内容分析的信度是指两个或两个以上的研究者按照相同分析维度，对同一材料独立评判结果的一致性程度，是保证内容分析结果可靠、客观的重要指标。

内容分析信度的计算公式为：

$R = (n \times K) / [1 + (n-1) \times K]$。

平均相互同意度是指两个评判员之间相互同意的程度，计算公式为：

$K = 2M/(N_1 + N_2)$。

其中，n是评判员数量，M是两者完全同意的类目数，N_1是第一评判者分析的类目数，N_2是第二评判者分析的类目数。

在预编码阶段，进行了编码员相互信度（intercoder reliability）的检验，发现各类目的相互信度均大于0.9，如表4-5所示。编码员之间

表 4-5 内容分析的信度

	监管压力	媒体和公众压力	企业社会责任战略	总类目
应有同意数	17	9	29	55
不同意数	1	0	1	2
同意数	16	9	28	53
相互同意度	0.941	1.000	0.966	0.964
信度	0.970	1.000	0.983	0.982

的相互信度较高,因此在预编码之后,开始进行大规模正式编码。

4.3 组织绩效的衡量准则

对于如何衡量组织绩效的问题,20世纪70年代曾经爆发过组织绩效度量多样性的大讨论。Campbell(1977)总结了一个包括生产率、利润、成长速度、营业额、稳定性等30项的测量标准。斯科特和戴维斯(2011)认为对组织绩效测量大体上有三种类型的指标。第一,重结果,侧重组织所实现的客观结果的特征,如产品的可靠性、销售量、患者健康状况的改善等。第二,重过程,侧重组织开展活动的数量和质量,如每天生产的汽车数量、医疗过程的完整性等。第三,重结构,评价组织有效运行的能力,如工人的技能水平、教师中拥有博士学位的比例等。大多数组织理论家都认为组织必须面对利益相关者,即能够影响组织生存和发展的个人或组织和受到组织行动影响的个人和组织(Ancona et al.,1996)。虽然一些经济学家对此持反对意见,如弗里德曼在1970年的著名文章"企业的社会责任就是增加利润"(Friedman,1970)中指出企业的目的就是为所有者创造利润,如果管理者在没有获得所有者同意的前提下将利润用于其他目的,则会颠覆自由社会的基础。但是组织理论家则试图通过寻找企业社会责任和财务绩效的正相关关系来对这些经济学家的观点加以驳斥，如 Margolis 和 Walsh（2003）总结了 1972~2002 年发表的 127 篇这方面的论文，发现大多数研究得到了正相关的结论。对这 127 项研究如何测量企业社会责任和财务绩效的总结如表 4-6 所示。

表 4-6　关于企业社会责任和财务绩效关系的研究总结

127 项关于企业社会责任和财务绩效关系的研究		
	测量	
研究	社会责任	财务绩效
企业社会责任作为自变量		
正相关		
Anderson & Frankle (1980)	社会绩效的披露	市场
Belkaoui (1976)	污染控制的披露	市场
Blacconiere & Northcut (1997)	环境支出的披露	市场
Blacconiere & Patten (1994)	环境支出的披露	市场
Bowman (1976)	社会绩效的披露	财务
Bragdon & Karash (2002)	管理系统，透明度，员工成长，财力	市场
Bragdon & Marlin (1972)	经济优先委员会（CEP）的评价	财务
Brown (1998)	财富声誉评级	市场
Christmann (2000)	环境实践的调查	成本优势
Clarkson (1988)	慈善评级，社区关系，客户关系，环境实践，人力资源实践以及基于个案研究的组织结构	财务
Conine & Madden (1986)	财富声誉评级	
D'Antonio, Johnsen & Hutton (1997)	共同基金评价	市场
Dowell, Hart & Yeung (2000)	投资者责任研究中心（IRRC）对环境绩效的评估	财务和市场
Epstein & Schnietz (2002)	环境和劳工滥用的行业声誉	市场
Freedman & Stagliano (1991)	环保协会（EPA）、职业安全和健康委员会（OSHA）的披露	市场
Graves & Waddock (2000)	KLD 评级	财务和市场
Griffin & Mahon (1997)	财富声誉评级，KLD 评级，慈善捐款，污染控制	财务
Hart & Ahuja (1996)	投资者责任研究中心（IRRC）对环境绩效的评估	财务
Heinze (1976)	National Affiliation of Concerned Business Students NACBS 评级	财务
Herremans, Akathaporn & Mclnnes (1993)	财富声誉评级	财务和市场
Ingram (1978)	社会绩效的披露	市场
Jones & Murrell (2001)	"家庭友好型"公司的从业母亲列表	市场
Judge & Douglas (1998)	环境实践的调查	财务和市场份额

续表

127项关于企业社会责任和财务绩效关系的研究

研究	测量	
	社会责任	财务绩效
企业社会责任作为自变量		
Klassen & McLaughlin (1996)	环境获奖和危机	市场
Klassen & Whybark (1999)	环境实践和有毒物质排放(TRI)的调查	制造成本,质量,速度和柔性
Konar & Cohen (2001)	有毒物质排放(TRI)和环境诉讼	财务和市场
Luck & Pilotte (1993)	KLD评级	市场
McGuire, Sundgren & Schneeweis (1988)	财富声誉评级	财务和市场
Moskowitz (1972)	对慈善捐款,消费者保护,披露,员工机会平等,人力资源实践,南非问题和城市重建的观察	个人评价
Nehrt (1996)	减少污染的技术的时间和强度	财务
Newgren et al. (1985)	环境实践的调查	市场
Parket & Eilbirt (1975)	少数群体的雇用和培训,生态,对教育和艺术的捐赠	财务
Porter & van der Linde (1995)	废物预防的实践	
Posnikoff (1997)	南非:剥夺	市场
Preston (1978)	社会绩效的披露	财务
Preston & O'Bannon (1997)	财富声誉评级	财务
Preston & Sapienza (1990)	财富声誉评级	市场
Reimann (1975)	对政府、供应商、消费者、社区、股东、债权人和员工的态度调查	组织能力
Russo & Fouts (1997)	富兰克林研究与发展公司(FRDC)对环境实践的评级	财务
Shane & Spicer (1983)	经济优先委员会(CEP)的评价	市场
Sharma & Vredenburg (1998)	环境战略的调查	运营的改善
Simerly (1994)	财富声誉评级	财务和市场
Simerly (1995)	财富声誉评级	财务
Spencer & Taylor (1987)	财富声誉评级	财务
Spicer (1978)	经济优先委员会(CEP)的评价	财务和市场
Stevens (1984)	经济优先委员会(CEP)的评价	市场
Sturdivant & Ginter (1977)	社会回应的Moskowitz评级	财务
Tichy, McGill & St. Clair (1997)	财富声誉评级	财务
Travers (1997)	共同基金评价	市场
Verschoor (1998)	年报中对伦理的赞成和承诺	财务和市场
Verschoor (1999)	年报中对伦理的明确阐述	财务和市场
Waddock & Graves (1997)	KLD评级	财务

续表

<table>
<tr><th colspan="3">127项关于企业社会责任和财务绩效关系的研究</th></tr>
<tr><th rowspan="2">研究</th><th colspan="2">测量</th></tr>
<tr><th>社会责任</th><th>财务绩效</th></tr>
<tr><td colspan="3">企业社会责任作为自变量</td></tr>
<tr><td>Wokutch & Spencer（1987）</td><td>财富声誉评级，慈善捐款，公司罪行</td><td>财务</td></tr>
<tr><td>Wright et al.（1995）</td><td>美国劳工部颁发的平等工作机会模范奖</td><td>市场</td></tr>
<tr><td colspan="3">无相关</td></tr>
<tr><td>Abbott & Monsen（1979）</td><td>社会绩效的披露</td><td>财务</td></tr>
<tr><td>Alexander & Buchholz（1978）</td><td>社会回应的Moskowitz评级</td><td>市场</td></tr>
<tr><td>Aupperle, Carroll & Hatfield（1985）</td><td>社会责任和组织结构的调查</td><td>财务</td></tr>
<tr><td>Bowman（1978）</td><td>社会绩效的披露</td><td>财务</td></tr>
<tr><td>Chen & Metcalf（1980）</td><td>经济优先委员会（CEP）的评价</td><td>财务和市场</td></tr>
<tr><td>Fogler & Nutt（1975）</td><td>经济优先委员会（CEP）的评价</td><td>市场</td></tr>
<tr><td>Fombrun & Shanley（1990）</td><td>财富声誉评级</td><td>财务和市场</td></tr>
<tr><td>Freedman & Jaggi（1982）</td><td>经济优先委员会（CEP）的评价</td><td>财务</td></tr>
<tr><td>Freedman & Jaggi（1986）</td><td>污染的披露</td><td>市场</td></tr>
<tr><td>Fry & Hock（1976）</td><td>社会绩效的披露</td><td>财务</td></tr>
<tr><td>Greening（1995）</td><td>能源信息协会（EIA）对保护措施的报告</td><td>财务和市场</td></tr>
<tr><td>Guerard（1997a）</td><td>KLD评级</td><td>市场</td></tr>
<tr><td>Hamilton, Jo & Statman（1993）</td><td>共同基金评价</td><td>市场</td></tr>
<tr><td>Hickman, Teets & Kohls（1999）</td><td>共同基金评价</td><td>市场</td></tr>
<tr><td>Hylton（1992）</td><td>共同基金评价</td><td>市场</td></tr>
<tr><td>Ingram & Frazier（1983）</td><td>环境质量控制的披露</td><td>财务</td></tr>
<tr><td>Kurtz & DiBartolomeo（1996）</td><td>KLD评级</td><td>市场</td></tr>
<tr><td>Lashgari & Gant（1989）</td><td>南非：坚持苏利文原则</td><td>财务</td></tr>
<tr><td>Luther & Matatko（1994）</td><td>共同基金评价</td><td>市场</td></tr>
<tr><td>Mahapatra（1984）</td><td>控制污染的资本支出和披露</td><td>市场</td></tr>
<tr><td>McWilliams & Siegel（1997）</td><td>美国劳工部颁发的平等工作机会模范奖</td><td>市场</td></tr>
<tr><td>McWilliams & Siegel（2000）</td><td>KLD评级</td><td>财务</td></tr>
<tr><td>O'Neill, Saunders & McCarthy（1989）</td><td>董事关注社会责任的调查</td><td>财务</td></tr>
<tr><td>Patten（1990）</td><td>南非：宣布签订苏利文原则</td><td>市场</td></tr>
<tr><td>Reyes & Grieb（1998）</td><td>共同基金评价</td><td>市场</td></tr>
<tr><td>Sauer（1997）</td><td>共同基金评价</td><td>市场</td></tr>
<tr><td>Teoh, Welch & Wazzan（1999）</td><td>南非：剥夺</td><td>市场</td></tr>
<tr><td>Waddock & Graves（2000）</td><td>KLD评级</td><td>财务和市场</td></tr>
<tr><td colspan="3">负相关</td></tr>
<tr><td>Boyle, Higgins & Rhee（1997）</td><td>符合国防工业的倡议</td><td>市场</td></tr>
<tr><td>Kahn, Lekander & Leimkuhler（1997）</td><td>无烟</td><td>市场</td></tr>
<tr><td>Meznar, Nigh & Kwok（1994）</td><td>南非：撤资</td><td>市场</td></tr>
<tr><td>Mueller（1991）</td><td>共同基金评价</td><td>市场</td></tr>
</table>

续表

127 项关于企业社会责任和财务绩效关系的研究

研究	测量	
	社会责任	财务绩效
企业社会责任作为自变量		
Teper (1992)	在南非无酒精、无烟、无赌博、无军火合同或运营；坚持广泛的社会指南	市场
Vance (1975)	社会回应的 Moskowitz 评级	市场
Wright & Ferris (1997)	南非：撤资	市场
混合关系		
Belkaoui & Karpik (1989)	社会绩效的披露和社会回应的 Moskowitz 评级	财务和市场
Berman et al. (1999)	KLD 评级	财务
Blackburn, Doran & Shrader (1994)	经济优先委员会 (CEP) 的评价	财务和市场
Bowman & Haire (1975)	社会绩效的披露	财务
Brown (1997)	财富声誉评级	市场
Cochran & Wood (1984)	社会回应的 Moskowitz 评级	财务和市场
Diltz (1995)	经济优先委员会 (CEP) 的评价	市场
Graves & Waddock (1994)	KLD 评级	财务
Gregory, Matatko & Luther (1997)	共同基金评价	市场
Guerard (1997b)	KLD 评级	市场
Hillman & Keim (2001)	KLD 评级	市场
Holman, New & Singer (1990)	社会绩效的披露和遵守规制的资本支出	市场
Kedia & Kuntz (1981)	对慈善捐款、低收入人群的住房贷款、少数群体企业贷款、女性企业高管和少数群体雇用问题的调查	财务和市场份额
Luther, Matatko & Corner (1992)	共同基金评价	市场
Mallin, Saadouni & Briston (1995)	共同基金评价	市场
Marcus & Goodman (1986)	遵守安全规制	能力和生产效率
McGuire, Schneeweis & Branch (1990)	财富声誉评级	财务和市场
Ogden & Watson (1999)	客户投诉服务	财务和市场
Pava & Krausz (1996)	经济优先委员会 (CEP) 的评价	财务和市场
Rockness, Schlachter & Rockness (1986)	环保协会和美国众议院有关危险性废物处置的数据	财务和市场
企业社会责任作为因变量		
正相关		
Brown & Perry (1994)	财富声誉评级	财务和市场
Cottrill (1990)	财富声誉评级	市场份额
Dooley & Lerner (1994)	有毒物质排放 (TRI)	财务
Fry, Keim & Meiners (1982)	慈善捐款	财务

续表

127项关于企业社会责任和财务绩效关系的研究		
	测量	
研究	社会责任	财务绩效
企业社会责任作为因变量		
Galaskiewicz (1997)	慈善捐款	财务
Konar & Cohen (1997)	有毒物质排放 (TRI)	市场
Levy & Shatto (1980)	慈善捐款	财务
Maddox & Siegfried (1980)	慈善捐款	财务
Marcus & Goodman (1986)	遵守排放规制	财务
McGuire, Sundgren & Schneeweis (1988)	财富声誉评级	财务和市场
Mills & Gardner (1984)	社会绩效的披露	财务和市场
Navarro (1988)	慈善捐款	财务
Preston & O'Bannon (1997)	财富声誉评级	财务
Riahi-Belkaoui (1991)	财富声誉评级	财务和市场
Roberts (1992)	经济优先委员会 (CEP) 的评价	财务和市场
Waddock & Graves (1997)	KLD评级	财务
无相关		
Buehler & Shetty (1976)	客户事务、环境事务和城市事务的组织计划	财务
Cowen, Ferreri & Parker (1987)	社会绩效的披露	财务
Patten (1991)	社会绩效的披露	财务
混合关系		
Johnson & Greening (1999)	KLD评级	财务
Lerner & Fryxell (1988)	经济优先委员会 (CEP) 的评价	财务和市场
McGuire, Schneeweis & Branch (1990)	财富声誉评级	财务和市场

资料来源:Margolis, Joshua D. & James P. Walsh. Misery Loves Companies: Rethinking Social Iniatives by Business [J]. Administrative Science Quarterly, 2003, 48: 268-305.

从表4-6可以看出,在企业社会责任的测量方法上存在很大问题,如什么是企业社会责任?如何用同一标尺度量员工志愿者活动、捐款、向受灾者捐赠物资等这些差异很大的行为?如何区分原因和结果?总体看来,绩效评价主要可以归为两大类:绩效的内部评价和绩效的外部评价。财务绩效大都是内部评价,而社会责任大都来自外部评价。如"明年将利润提高10%"就是组织设定的目标,Cyert和March称之为期望水平。组织当前的期望水平取决于以前的目标、以前的业绩以及同行们过去的表现。因此，目标具有自适应性，当自己近期的业绩表现好或竞争对手的表现也很好时，期望水平会提高；当业绩表现不佳时，组织会寻找原因，找到解决问题的方法（Cyert & March, 1963）。而对于社会责任战略来说，由于组织是一个自然、开放的系统，既要面对客户、公众、媒体，还要面对各种组织，包括评价产品质量的消费者评级机构、提供绩效过程和结构方面的度量的认证机构，这些组织对组织域的治理和结构发挥了重要作用（斯科特和戴维斯，2011）。绩效的外部评价越来越成为外部组织，如标准制定机构和各种评级机构的专门业务。就企业社会责任而言，KLD评级、财富声誉评级等是研究中运用广泛的测量方法。

此外，国际标准化组织（ISO）制定的ISO9000于1992年吸收了欧盟贸易指令的内容，"突破了传统的对产品和技术进行评价的做法，提供了一种对组织进行认证的机制，即'软标准'，不正对目标和产出，而是对程序、权利和角色的标准化"（Mendel，2002）。Mendel研究了这一标准体系在1992~1998年期间全球扩散情况，发现尽管不同行业之间存在差异，但真正的差别体现在不同地域之间，主要原因在于欧盟采用了强制的推行机制，而在欧盟以外的地区，采用这一标准主要是为了应对市场和客户的压力，而非政府的管制。在本书测量商业银行社会责任战略的量表中，有一项指标是环境管理体系认证（ISO14001），ISO14001指导企业实施环境标准，有利于保护环境、节约资源、降低成本。Scholtens（2009）的研究指出2006年采用ISO14001的银行比例分别是：北美17%，欧洲45%，太平洋地区100%。而我国还没有采用这一标准的商业银行，显然这和不同地区的政府管制有关，这也印证了Mendel的发现。

4.4 企业社会责任压力的测量维度和社会责任战略的评价方法

4.4.1 企业社会责任压力的测量维度与可持续发展的评价体系

全球报告倡议组织（The Global Reporting Initiative，GRI）于1997年成立，旨在发展报告经济、环境和社会绩效的全球可行性指南，指南最初仅限于企业报告，后来很多商业组织、政府和非政府组织也发布可持续发展报告。在其第三代《可持续发展报告指南》的基础上，GRI于2011年3月发布了新的可持续发展报告指南G3.1版。G3.1的报告框架由两大部分构成：①界定报告内容、质量和界限；②标准披露。其中第二部分囊括了"概况披露"、"经济绩效"、"环境绩效"和"社会绩效"四个层面上的多个指标内容，涉及"社会绩效"层面的最多，共有42项指标内容，仅对"人权"指标内容进行调整的就有11项，包括"人权的政策"、"组织义务"、"培训及知情权"等。G3.1使GRI目前的可持续发展报告指南涵盖了可持续发展的更多领域，内容更加完善。我们得到了可持续发展的评价指标，如表4-7所示。

表 4-7 G3.1 可持续发展评价指标

G3.1 可持续发展评价指标（G3.1 Content Index）		
	绩效指标	主要内涵
经济（9条）	经济绩效	创造和分配的直接经济价值 由于市场环境变化产生的财务问题和其他风险及机遇 公司明确承诺的各种福利和补偿计划 政府的重大财务援助

续表

G3.1 可持续发展评价指标（G3.1 Content Index）

	绩效指标	主要内涵
经济（9条）	市场表现	在主要运营地工资的标准起薪点与当地最低工资的比例 在主要运营地对当地供应商的政策、措施以及支出比例 在主要运营地聘用当地员工的程序，以及在当地社区聘用高层管理人员的比例
	间接经济影响	透过商业活动、实物捐赠或者免费，主要为大众利益而提供的基建投资及服务的发展与影响 了解并说明其重大的间接经济影响，包括影响的程度
环境（30条）	材料	所用物料的总量或者用量
	能源	按照主要源头划分的直接能源耗量 因环境保护及提高效益而节省的能源 提供具能源效益或以可再生能源为本的产品及服务计划，以及计划的成效 减少间接能源耗量的计划以及计划的成效
	水	按源头划分的总耗水量 水循环和重复使用的比例和数量
	生物多样性	生物多样性战略、现在的行动和未来的计划
	废气、废水、废物	减少温室气体排放的计划及成效 污水排放量和处理地点 废物排放量和处理方法
	产品和服务	减低产品及服务的环境影响的计划及其成效 按类型说明环境保护的总体支持及投资
	服从	违反环境法律和法规而造成的罚款数额以及非经济制裁的次数
	运输	因运输组织运营所需产品和材料对环境造成的影响
	总体	按类型划分的环境保护的花费和投资总额
社会（42条）	员工管理（14条）	
	雇用	按雇佣类型、雇佣合同和地区分类的员工总数 按年龄组别、性别及地区划分的雇员流失总数及比率 按主要业务划分，只提供全职雇员（不给予临时或者兼职雇员）的福利
	劳动/管理关系	劳动合同变更的最短通知期，包括变更是否为集体讨论的结果
	职业健康和安全	为协助雇员、雇员家属或者社区成员而推行的，关于严重疾病的教育、培训、辅导、预防与风险监控计划
	培训和教育	按雇员类别划分，每名雇员每年受训的平均时数 加强雇员的持续职业发展能力及协助雇员转职的技能管理及终生学习课程 接受定期绩效考核及职业发展计划的雇员的百分比
	多样性和机会均等	按性别、年龄组别和少数族裔及其他多元性指标划分，管理层员工和普通雇员的细分
	男女同酬	按雇员类别和工作地点划分，男性与女性的基本薪金比率

续表

G3.1 可持续发展评价指标（G3.1 Content Index）

		绩效指标	主要内涵
社会 (42条)	人权 (11条)	投资和实践	雇员在作业所涉及的人权范围内的相关政策及程序方面受训的总时数，以及受训雇员的百分比
		非歧视	歧视事件的总数以及采取的正确行动的总数
		协作和集体讨论的自由	支持协作和集体讨论自由的行动
		童工	废除童工的有效措施
		强制劳动	消除强制劳动的措施
		安全实践	组织政策中安全人事培训的比例
		本地权力	包括侵犯本地人权益和行动的事件的次数
		评估	符合人权评价的业务比例和总数
		补救	人权领域中，通过正式鸣冤机制提出和解决的不公平事件数量
	社会 (8条)	社区	与社区事务有关的评估和管理工作，其核心思路、评估和管理范围以及有效性
		腐败	已做贿赂风险分析的业务单位的总数以及百分比 已接受机构的反贿赂政策及程序培训的雇员的百分比 惩治贿赂个案所采取的行动
		公共政策	对公共政策的立场，以及在发展及公共政策立法过程中的参与 按国家划分，对政党、政客以及相关组织做出财务及实物捐献的总值
		反竞争行为	为垄断等采取的合法行动的次数
		服从	违反法律和法规而造成的罚款数额以及非经济制裁的次数
	产品责任 (9条)	顾客健康和安全	生命周期内，改善产品和服务对健康和安全的影响评价
		产品和服务标签	客户满意度管理措施，包括调查客户满意程度的结果
		市场沟通	为遵守市场推广相关法律和法规、自愿守则而设立的计划
		顾客隐私	违反顾客隐私和顾客数据遗失的投诉总数
		服从	与产品和服务供应及使用有关的违反法律和法规的罚款数额

对于金融业，GRI 可持续发展报告指南中给出了金融业附加指标，如表 4-8 所示。

表 4-8 金融行业附加指标

金融行业附加指标 (Content Index-Financial Service Sector Supplement)

要素	主要内涵
产品描述（8条）	应用于业务活动的具体环境和社会政策
	在业务中评估与监控环境和社会风险的程序
	对客户环境和社会合规情况的监控
	提高员工执行环境与社会政策能力的程序

续表

金融行业附加指标 (Content Index–Financial Service Sector Supplement)

要素	主要内涵
产品描述（8条）	与客户、投资人和合作伙伴关于环境社会风险与机遇的互动
	按地区、规模、行业分的业务比例
	按目标分类，为实现特定社会目标而设计的产品及服务的价值
	按目标分类，为实现特定环境目标而设计的产品及服务的价值
审计（1条）	旨在评估环境和社会政策以及风险评估执行情况的审计的覆盖范围和频率
所有权（3条）	在投资组合中，报告组织与其存在环境或社会因素互动的公司的比例与数量
	接受正面和负面的环境和社会审查的资产比例
	报告组织将环境和社会议题应用于投票权或投票建议权的政策
社会（4条）	按类型列示的低人口密度和经济上欠发达地区的切入点
	提高为弱势群体获取金融服务能力的行动
	金融产品与服务的公平设计和销售的政策
	按受益类型分，提高金融知识教育的行动

资料来源：http://www.globalreporting.org/ReportServices/GRIContentIndex/.

目前我国商业银行的社会责任报告都是根据 GRI 所提供的框架指标来公布的。根据 G3.1 的评价指标，我们得到以下发现：

（1）从经济、环境和社会三个方面对企业可持续发展做出评估是广为接受的，这与企业社会责任压力，即企业对社会、对环境和对自身经济发展负有责任，对内部和外部的利益相关者负有责任是相契合的。因此，我们可以从环境、经济和社会三个维度测量企业社会责任压力。

（2）从金融业附加指标来看，着重强调了企业和环境以及社会因素的互动，以及为实现特定社会目标、环境目标而设计的产品和服务的价值。因为行业特点不同，所以不同行业的企业可持续发展有不同的具体内涵。那么我们在测量金融企业的社会责任压力时，应充分考虑其行业特点，即结合银行业的行业特点来探讨商业银行社会责任压力的测量标准。

（3）企业可持续发展实际上是通过满足各利益相关者的要求来实现的企业长久发展。利益相关者的要求既包括来自政府和监管机构的规制性要求，还包括来自客户、供应商、员工、社区、媒体和公众等的规范性、道德性要求。这些要求构成了企业合法性产生的社会责任压力。

4.4.2 国际和国内关于企业社会责任战略的评价方法

国际和国内的企业社会责任战略的评价体系主要有以下几种：

（1）联合国"全球契约"（Global Compact）在人权、劳工、环境保护、反腐败四个方面提出了10项原则，为企业社会责任在全球的履行提供了基本框架。

（2）美国国际社会问责组织在1997年公布了SA8000标准，以劳工标准为核心，包括童工、强迫劳动、安全卫生、集体谈判、歧视、惩罚措施、工时、工资和人力资源管理9个方面的要素。

（3）美国道琼斯可持续发展指数（Dow Jones Sustainability Indexes）从经济、社会和环境三个方面评价企业社会责任，包括公司治理、环境管理、供应链管理、人力资源管理等方面。

（4）英国富时社会责任指数（FTSE4Good）。富时集团是全球指数制定和管理的领导者，其推出的富时社会责任指数注重客观衡量、评价企业的社会责任和环境行为规范标准，与道琼斯可持续发展指数一样，是指导投资者选择具有商业道德公司的主要指数。

（5）多米尼社会指数（Domini Social Index）是美国第一个社会责任投资指数，旨在为社会责任型投资者提供一个比较基准，帮助投资者了解社会责任评选准则对企业财务绩效的影响。

（6）KLD社会指数（KLD Social Screen）从产品安全、社区关系、环境保护、女性和少数民族、员工关系、核能、军事削减和南非问题这8个方面来衡量社会绩效，由于KLD指数帮助研究者对社会责任进行跨时间连续评价，可以更好地评价企业社会绩效的变化，因此受到了利益相关者理论的权威Wood和Jones的肯定。

（7）中国纺织协会制定了中国纺织企业社会责任（CSC9000T），是我国第一个行业社会责任标准管理体系，包括管理体系、劳动合同、童工、强迫劳动、工时、报酬和福利、工会和集体谈判、歧视、骚扰和虐待、职业健康与安全这10个方面的内容。

国内外学者也提出了一些企业社会责任的评价方法，主要有：

（1）Carroll（1979）提出企业社会责任的四层次模型，即经济责任、法律责任、伦理责任和自愿责任，如图4-3所示。同时指出衡量企业社会责任的6个维度，即用户至上，环境，种族、性别歧视，产品安全，职业安全和股东。

| 经济责任 | 法律责任 | 伦理责任 | 自愿责任 |

图4-3 Carroll的企业社会责任模型

资料来源：Carroll A.B. A Three-dimensional Conceptual Model of Corporate Performance [J]. Academy of Management Review, 1979, 4（4）：497-505.

（2）Wartick & Cochran（1985）进一步完善了企业社会责任框架，指出将企业社会责任（corporate social responsibility）、社会回应（corporate social responsiveness）和社会问题管理（social issues management）等维度通过原则（principles）、过程（processes）和政策（policies）整合在一个理论框架中。重要的是Wartick具体指出了企业社会责任（CSR1）和社会回应（CSR2）之间的差别，如表4-9所示。

表4-9 企业社会责任与公司社会反应之间的区别

	社会责任（CSR1）	社会反应（CSR2）
主要考虑的方面	伦理	实用性
分析单元	社会	公司
焦点	结果	方法
目标	企业之外	企业之内
着重点	义务	反应
公司角色	道德代理	产品与服务的制造者
决定机制	长期	中短期

资料来源：Wartick, S.L. & Cochran, P.L. The Evolution of the Corporate Social Performance Model[J]. Academy of Management Review, 1985, 10（4）：758-769.

(3) Wood (1991a) 将企业社会责任模型发展为社会责任原则、社会反应过程和公司行为结果这三个维度,如表4-10所示。

表4-10 Wood 的企业社会责任模型

社会责任的原则	社会反应的过程	公司行为的结果
制度原则:合法性	环境评估	社会影响
组织原则:共同责任	利益相关者管理	社会项目
个人原则:管理者导向	议题管理	社会政策

资料来源:Wood, D. J. Corporate Social Performance Revisited [J]. Academy of Management Review, 1991a, 16 (4): 691–718.

(4) Clarkson (1995) 提出了 RDAP 模式 (The reactive-defensive-accommodative-proactive scale),用定性的方法把企业社会责任粗略地分为四种类型,即对抗型、防御型、适应型和主动型。

(5) Igalens & Gond (2005) 总结了企业社会责任的五种主要的测量方法。第一种是内容分析法,即先收集企业年报和社会责任报告中有关企业社会责任的内容,再用内容分析法将这些定性数据转变为定量数据。第二种是污染指数测量法,即先由政府制定评价指标,再在企业污染物排放中进行检测,这种方法通常用于对环境污染较严重的企业评估中。第三种是问卷调查法,即把企业社会绩效分为若干维度,并对每个维度设计一系列测量题项,并检验问卷的信度和效度。第四种是声誉指数法,即用评级机构或杂志对企业声誉的评价作为社会绩效的标准,目前应用较多的是《财富》杂志声誉指数。第五种是专业评级机构的数据库排名,如 KLD、EIRIS 等。

(6) Scholtens (2009) 提出了银行的社会责任评价指标,包括四个方面:①商业伦理、可持续发展报告以及环境管理系统;②环境管理;③负责任的金融产品;④社会行为。这是针对具体行业的社会绩效评价量表。

(7) 北京大学民营经济研究院 2006 年发布了《中国企业社会责任

调查评价体系与标准》，提出企业社会责任包括股东权益、社会经济、员工权益、法律责任、诚信经营、公益责任和环境保护。

（8）湖南师范大学的李立清（2006）教授提出的中国企业社会责任指标体系包括劳工权益、人权保障、社会责任管理、商业道德和社会公益行为这五类评价要素，又细分为13个子因素以及38个三级指标。

（9）朱文忠（2008）提出了中国商业银行社会责任评价标准，分为管理制度和实际表现两大类共50个操作指标。

（10）易开刚（2011）构建了中国民营企业社会责任评价体系。提出从客户、股东、员工、节约资源和保护环境、倡导良好商业秩序、发展社会事业这6个方面评价民营企业的社会责任。

具体到商业银行的社会责任，国际和国内对商业银行的社会责任的规定总结如表4-11所示，在测量和分析我国商业银行的社会责任战略时，本书充分考虑了这些政策规定。

表4-11 国际和国内有关商业银行社会责任的政策规定

发布机构	政策要求
联合国环境规划署金融计划项目（UNEP FI）	20世纪90年代早期发布了《金融业环境暨可持续发展宣言》（Statement by Financial Institutions on the Environment and Sustainable Development），认为将环境因素纳入标准的风险评估流程是十分必要的
世界银行和国际金融公司	倡导赤道原则（Equator Principles），该原则为项目融资中环境和社会风险评估提供了一个框架，包括不同类型项目的风险分类，列出了与环境评估流程、监控和后续指导相关的议题
国家环保总局、中国人民银行、银监会	2007年7月推出"绿色信贷政策"，通过在金融信贷领域确立环境准入门槛，切断高耗能、高污染行业的无序发展和盲目扩张的资金来源
中国银监会	2007年12月发布了《关于加强银行业金融机构社会责任的意见》，明确指出银行业金融机构发展不仅要关注经济指标，而且要关注人文指标、资源指标和环境指标，坚持经济效益和社会效益的统一，是推动提升竞争力的有效途径，也应该成为银行业金融机构实现可持续发展的核心战略
上海银监局	2008年1月发布了《上海银行业金融机构企业社会责任指引》，指出银行业机构的企业社会责任至少应包括：①维护股东合法权益，公平对待所有股东；②以人为本，重视和保护员工的合法权益；③诚信经营，维护金融消费者合法权益；④反不正当竞争，反商业贿赂，反洗钱，营造良好市场竞争秩序；⑤节约资源，保护和改善自然生态环境；⑥改善社区金融服务，促进社区发展；⑦关心社会发展，支持社会公益事业

续表

发布机构	政策要求
中国银监会	2012年1月发布了《关于整治银行业金融机构不规范经营的通知》，决定在银行业系统全面开展"不规范经营"专项治理工作。要求商业银行不得以贷转存、不得存贷挂钩、不得以贷收费、不得浮利分费、不得借贷搭售、不得一浮到顶、不得转嫁成本；而要合归收费、以质定价、公开透明、减费让利

资料来源：根据相关资料整理所得。

4.5 变量测量

4.5.1 自变量的测量

监管压力：笔者根据2007年以来银监会网站和央行网站发布的与商业银行相关的通知、文件和规定，并结合《金融时报》2008~2010年所有报道所进行的内容分析，对原始二手数据进行编码，形成定量数据，以测量监管压力。具体而言，笔者首先对银监会和央行网站发布的规定和通知进行总结，归纳出监管机构对商业银行在社会责任方面的要求，然后分析《金融时报》的报道，研究哪些银行在多大程度上履行了监管机构在环境、经济、社会三方面对银行社会责任的要求，统计有关要求的报道数量、加总并除以总条目数来给监管压力赋值。例如：2010年，农行在表4-12所示的具体内涵方面共满足378次，那么农行在2010年监管压力这一指标上的赋值为22.24（378除以17）。我们对内容分析所得数据进行了信度检验，发现Cronbach's Alpha=0.914，说明这些指标内在一致性较好，较全面地涵盖了行业监管机构对商业银行的要求，能稳定衡量监管压力这一变量。

媒体和公众的压力：对媒体和公众压力的测量与监管压力的测量

表 4–12　行业监管机构对商业银行社会责任的要求

	关键点	具体内涵	编码
环境方面	促进绿色环保事业	• 对国家确定的节能重点工程、节能减排技术研发等项目要有重点地满足其信贷需求	1
		• 绿色信贷，退出两高一剩行业	2
		• 节约资源，保护环境，减少日常营运对环境的影响	3
经济方面	实践"绿色金融"，实现和谐发展	• 改善资产质量，防范和控制金融风险	4
		• 提高运营效率	5
		• 为中小企业提供金融服务	6
		• 重视"三农"金融服务供给	7
		• 开展银企合作，实现互利双赢	8
		• 开展同业合作，实现优势互补和风险隔离	9
		• 加强"产品渠道"建设，创新并发展各类业务	10
		• 拓展国际业务，扩大跨境贸易人民币结算	11
社会方面	推动社会和谐稳定发展	• 维护股东合法权益	12
		• 以人为本，重视和保护员工的合法权益	13
		• 诚信经营，维护金融消费者合法权益	14
		• 反不正当竞争，反商业贿赂，反洗钱，反假币	15
		• 改善社区金融服务，促进社区发展	16
		• 关心社会发展，支持社会公益事业和民生事业	17

类似，仍然是对《金融时报》2008~2010 年的所有报道进行内容分析，编码并形成定量数据，具体评价指标见表 4–13。我们对内容分析所得数据进行了信度检验，发现 Cronbach's Alpha=0.710，说明这些指标内在一致性较好，能稳定衡量媒体和公众对商业银行的要求这一变量。最终，我们将凡是涉及表 4–13 中任何一条或多条具体指标的银行赋值为 1，完全没有涉及的银行赋值为 0。

表 4–13　媒体和公众对商业银行社会责任的要求

	关键点	具体内涵	编码
环境方面	保护环境	• 信贷坚持环保导向	1
经济方面	促进经济发展	• 建设金融生态，推动金融创新	2
		• 促进国家和地方的经济发展，解决信贷资金和金融服务的缺失问题	3
		• 信用体系建设	4
		• 为客户提供优质的产品和服务	5

续表

	关键点	具体内涵	编码
社会方面	推动社会和谐稳定发展	• 信用卡透支，推动消费经济发展	6
		• 发展新技术，打造良好银客关系	7
		• 加强银行网站安全建设，确保公众放心使用	8
		• 推动社会发展，合理收费，惠及大众	9

社会认可的压力：中国商业银行的社会认可主要包括金融服务、金融创新、社会公益、金融产品、国际国内排名等几个方面。社会认可的评价组织主要包括人民网、搜狐网、雅虎中国、和讯网、凤凰网等网站，《银行家》、《福布斯》、《亚洲货币》、《亚洲金融》、《证券时报》、《首席财务官》、《第一财经日报》等出版物，中国银行业协会、中国金融工会、国务院扶贫办、各级政府、大学的银行业研究中心、中国银联、MasterCard 国际组织、VISA 国际组织等组织机构。我们用银行年报、社会责任报告、可持续发展报告和网站上公开披露的社会认可次数和排名提升次数的总和的自然对数作为该变量的值。

4.5.2 中介变量的测量

企业社会责任战略：企业社会责任战略是一个多维概念，包括成本投入行为（如投资控制污染的设备等）、企业内部行为和过程（如顾客关系、女性和少数民族员工管理等）以及社会回报行为（如社区关系、慈善投入等）（Wood，1991a，1991b；Aupperle，1985，1991；Gephart，1991）。社会责任战略在不同行业的表现相差很大。目前，有些评级机构提供了评价企业社会责任的指标，如 KLD 和 EIRIS 等，美国道琼斯可持续发展指数（Dow Jones Sustainability Indexes）和英国富时社会责任指数（FTSE4Good）也常常被用来衡量企业社会责任。由于本书的研究对象是银行业，并不涉及其他行业，因此采用了 Scholtens（2009）提供的用于测量银行社会责任战略的量表，如表 4-14 所示，该量表包括四类指标：①商业伦理、可持续发展报告以及环境管理系统；②环境管理；③负责任的金融产品；④社会行为。该量表在操作层面每个题项均为是/否问题，因此每满足一条记为 1，不满足记为 0，所满足的标准条数要除以该方面所有的标准数量。例如：如果一家银行的社会责任战略满足商业伦理 8 条标准中的 2 条、环境管理 8 条标准中的 5 条、负责任的金融产品 7 条标准中的 3 条、社会行为 6 条标准中的 5 条，那么其社会责任战略这一变量的赋值就等于（2/8+5/8+3/7+5/6）。该方法借鉴了 Bansal（2005）中测量企业可持续发展的定量研究方法。本书对每个题项的判断信息来自企业年报、社会责任报告、可持续发展报告以及银行网站。我们对测量结果进行了信度检验，Cronbach's Alpha=0.852，说明这些指标用于测量中国商业银行社会责任战略时也有较好的内在一致性。

表 4-14 银行社会责任战略评价框架

指标类别	序号	指 标	指标操作	来 源
商业伦理、可持续发展报告以及环境管理系统	1	可持续发展报告	首份报告时间；是（1）或否（0）	银行网站
	2	国际商会（ICC）商业可持续发展宪章	采纳（是/否）	银行网站、ICC、可持续发展报告
	3	联合国环境规划署金融行动机构	采纳（是/否）	www.unepfi.org www.unepri.org
	4	赤道原则	采纳（是/否）	www.equatorprinciples.com
	5	全球契约	采纳（是/否）	www.unglobalcompact.org
	6	"赢之道"	采纳（是/否）	Who cares wins statement (www.unglobalcompact.org)
	7	环境管理体系认证	环境管理审核原则（EMAS）	银行网站和可持续发展报告
	8	环境管理体系认证	ISO 14001	银行网站和可持续发展报告
环境管理	9	环境政策	环境政策（是/否）	银行网站和可持续发展报告
	10	供应链管理	可持续发展政策（是/否）	银行网站和可持续发展报告
	11	环境管理目标量化	是/否	银行网站和可持续发展报告
	12	环境绩效透明	量化或质化	银行网站和可持续发展报告
	13	主导政策中的环境风险管理	是/否	银行网站和可持续发展报告
	14	退出特定行业	是/否	银行网站和可持续发展报告

续表

指标类别	序号	指标	指标操作	来源
环境管理	15	世界银行环境风险管理指南	采纳（是/否）	银行网站和可持续发展报告
	16	经济合作与发展组织（OECD）的环境风险管理指南	采纳（是/否）	银行网站和可持续发展报告
负责任的金融产品	17	社会责任投资	是/否	银行网站和可持续发展报告
	18	社会责任储蓄	是/否	银行网站和可持续发展报告
	19	可持续金融	是/否	银行网站和可持续发展报告
	20	微额贷款	是/否	银行网站和可持续发展报告
	21	环境建议服务	是/否	银行网站和可持续发展报告
	22	气候产品	是/否	银行网站和可持续发展报告
	23	其他可持续产品	是/否	银行网站和可持续发展报告
社会行为	24	赞助	资助社区活动或其他非政府组织（是/否）	银行网站和可持续发展报告
	25	社会参与	捐赠和志愿活动（是/否）	银行网站和可持续发展报告
	26	培训和教育	是/否	银行网站和可持续发展报告
	27	多样性和机会	是/否	银行网站和可持续发展报告
	28	员工反馈信息	是/否	银行网站和可持续发展报告
	29	商业道德	行为准则（是/否）	银行网站和可持续发展报告

资料来源：Scholtens, B. Corporate Social Responsibility in the International Banking Industry [J]. Journal of Business Ethics, 2009, 86: 159–175.

4.5.3 调节变量的测量

上市：该变量为虚拟变量，上市为0，未上市为1。

4.5.4 因变量的测量

财务绩效：净利润率是净利润与营业收入的比值，表示营业收入的收益水平。净利润率越高，说明银行的收益水平越高。在前人的研究中，有很多都采用净利润率来衡量企业的财务绩效（Waldman et al., 2001；Koene et al., 2002）。本书中，财务绩效用滞后一年的净利润率[净利润率（t+1）]加以衡量。

4.5.5 控制变量的测量

年份 1 和年份 2：这两个变量是年份虚拟变量，用以控制时间。

企业风险：负债率是总负债和总资产的比值，本书用负债率来控制企业风险。

企业规模：该变量为虚拟变量，用来控制企业规模，全国性商业银行为 1，非全国性商业银行，也就是城市商业银行为 0。全国性商业银行凭借雄厚的资本实力，与大企业形成了长期密切的合作关系，更利于发展供应链金融业务，产生更大的社会影响力。同时，全国性商业银行拥有遍布全国的分支机构，具有强大的银行零售业务能力，因此与城市商业银行相比可以在更大的范围内服务城市居民，而城市商业银行的定位主要还是所在的城市，为所在城市提供金融服务。Dowling and Pfeffer（1975）认为大公司更有政治远见，因此更乐于从事合法性行为。由于全国性商业银行比城市商业银行的规模大很多，因此要对其加以控制。

财务表现：净资产收益率（ROE）是企业税后利润与净资产的比值，反映股东的收益水平。净资产收益率越高，说明投资带来的回报越高。银监会《商业银行风险监管核心指标》要求商业银行净资产收益率不应低于 11%，本书用净资产收益率来控制企业的财务表现。

第 5 章 实证研究的结果与讨论

5.1 描述性统计分析

这 62 家企业的研究样本整体情况如表 5-1 统计描述所示，作为控制变量的企业风险的均值为 0.94，另一个控制变量财务表现的均值为 19.79。企业风险的标准差（0.03）较小，说明企业之间风险状况差异不太大；财务表现的标准差（9.18）较大，说明企业之间投资收益相差

表 5-1 变量的均值、标准差与相关系数矩阵

变量名称	均值	标准差	1	2	3	4	5	6	7	8	9	10	11
年份 1	0.33	0.47	—										
年份 2	0.33	0.47	−0.50**	—									
企业规模	0.27	0.45	0.00	0.00	—								
企业风险	0.94	0.03	0.08	0.01	0.28**	—							
财务表现	19.79	9.18	−0.17*	0.03	−0.04	0.20*	—						
监管压力	1.94	4.98	0.04	0.00	0.58**	0.262**	0.00	—					
媒体和公众压力	0.41	0.49	0.05	−0.02	0.68**	0.20**	−0.08	0.45**	—				
社会认可的压力	2.12	0.429	−0.05	0.16	0.66**	0.19**	−0.02	0.53**	0.67**	—			
社会责任战略	1.78	0.47	−0.01	0.05	0.70**	0.20**	0.03	−0.60**	0.68**	0.72**	—		
上市	0.75	0.43	−0.02	−0.02	−0.68**	−0.14	0.01	−0.56**	−0.61**	−0.68**	−0.84**	—	
财务绩效	0.34	0.09	0.06	0.17*	0.02	−0.05	0.16*	0.12	0.13	0.29**	0.19*	−0.20**	—

注：* $p < 0.05$（双尾）；** $p < 0.01$（双尾）。年份1、年份2、企业规模、媒体和公众压力、上市都属于类别变量，在相关分析时将其转化为虚拟变量，用1代表规模大（全国性商业银行），0代表规模小（城市商业银行）；1代表媒体和公众压力高，0代表媒体和公众压力低；1代表非上市银行，0代表上市银行。

明显。而企业规模这一变量区分了全国性商业银行和城市商业银行这两类不同规模量级的银行，用以控制规模。自变量监管压力、社会认可压力，中介变量企业社会责任战略的标准差都相对较大，表明各个企业之间的差异明显。而因变量财务绩效的标准差（0.09）较小，说明企业之间财务盈利状况的差别不太大。

5.2 实证分析结果

5.2.1 企业社会责任压力对社会责任战略的回归结果

根据理论分析，本书认为媒体和公众压力的高低对企业社会责任战略的影响存在显著差异，因此，本书研究分成两步检验，首先对媒体和公众压力高（即内容分析得到的值≥1）的企业与媒体和公众压力低（即内容分析得到的值<1）的企业进行T检验，其次构造一个多元回归模型。

表5-2是高媒体和公众压力的企业与低媒体和公众压力的企业的T检验结果，从中可以看出，高媒体与公众压力的银行在整体上与低媒体和公众压力的银行的社会责任战略，在T检验上存在显著差异。为了更深入地考察，本书又做了单因素方差分析（One-Way ANOVA）的检验，结果如表5-3所示，F值检验结果达到了很强的显著性（p=0.000）。这就为媒体和公众压力对企业社会责任战略的影响的多元回归提供了分组分析的支持。

将企业社会责任战略作为因变量，研究监管压力、媒体和公众的压力以及社会认可压力对企业社会责任战略的影响。在模型1中，仅

表 5-2　高媒体和公众压力的银行与低媒体和公众压力的银行的 T 检验结果

指标	平均值		标准差		F 值	T 值
	压力低	压力高	压力低	压力高		
社会责任战略	1.515	2.166	0.179	0.491	130.425***	−11.120***
N	109	77	109	77		

注：*p < 0.05；** p < 0.01；*** p < 0.001。

表 5-3　不同媒体和公众压力银行的社会责任战略的单因素变量检验分析结果

		平方和	自由度	均方	F 值
社会责任战略选择	组间	19.123	1	19.123	161.472***
	组内	21.791	184	0.118	
	总和	40.915	185		

注：*p < 0.05；** p < 0.01；*** p < 0.001。

加入了控制变量对结果变量社会责任战略进行解释，发现企业规模对其社会绩效有显著影响（β=0.750，p<0.001）。在模型 2 中，加入了本书感兴趣的解释变量监管压力、媒体和公众压力以及社会认可压力。发现监管压力对企业社会责任战略有显著正向影响（β=0.159，p<0.05）；媒体和公众压力的高低与企业社会责任战略正相关（β=0.314，p<0.001）；社会认可的压力对企业社会责任战略有正向影响（β=0.266，p<0.01），如表 5-4 所示，本书的假设 1、假设 2、假设 3 都得到了数据支持。

表 5-4　企业社会责任战略的影响因素

变量类型	企业社会责任战略	
	M1	M2
(控制变量)		
年份 1	0.021	−0.023
年份 2	0.038	−0.033
企业风险	−0.045	−0.054
企业规模	0.750***	0.259**
财务表现	0.009	0.052
(自变量)		
监管压力		0.159*
媒体和公众压力		0.314***
社会认可压力		0.266**
R^2	0.538	0.688

续表

变量类型	企业社会责任战略	
	M1	M2
调整 R^2	0.517	0.665
R^2 更改	0.538***	0.150***

注：表中所列的是标准化回归系数；*$p < 0.05$（双尾）；** $p < 0.01$（双尾）；*** $p < 0.001$（双尾）。

5.2.2 企业社会责任战略对财务绩效的回归结果

我们用滞后一年的财务绩效指标净利润率（t+1）作为因变量，研究企业社会责任战略对财务绩效的影响。在模型 3 中，首先引入控制变量对结果变量净利润率（t+1）进行解释，发现年份和净资产利润率对净利润率（t+1）影响显著（β=0.211，$p<0.05$；β=0.289，$p<0.01$；β=0.226，$p<0.01$）。在模型 4 中，加入我们感兴趣的变量企业社会责任战略对结果变量进行解释，结果发现企业社会责任战略对滞后一年的财务绩效有显著的正向影响（β=0.381，$p<0.001$），如表 5-5 所示，假设 4 得到了数据支持。

表 5-5 企业社会责任战略对财务绩效的回归结果

变量	财务绩效	
	M3	M4
（控制变量）		
年份 1	0.211*	0.200*
年份 2	0.289**	0.262**
企业风险	−0.120	−0.116
企业规模	0.053	−0.214*
财务表现	0.226**	0.196
（自变量）		
社会责任战略		0.381***
R^2	0.102	0.176
调整 R^2	0.074	0.145
R^2 更改	0.102**	0.074***

注：表中所列的是标准化回归系数；*$p < 0.05$（双尾）；** $p < 0.01$（双尾）；*** $p < 0.001$（双尾）。

5.2.3 是否上市在企业社会责任压力与社会责任战略之间的调节作用检验

我们用多元线性回归方程（Hierachical Linear regression）和一般线性模型（General Linear Model）来进行调节效应的检验，如表5-6所示。其中，假设5和假设7的检验运用了多元线性回归方程，假设6采用一般线性模型进行检验。按照Aiken和West（1991）的建议，自变量在生成交互项之前需进行均值中心化（mean-centered）处理，以减少回归方程中变量间的多重共线性问题，因此在法交互之前我们对连续变量进行了中心化处理。多重共线性是指解释变量之间存在严重的线性相关，从而影响到回归方程的结果，最常用的多重共线性诊断方法是方差膨胀因子（VIF）法，如果最大的VIF大于10，表示多重共线性将严重影响最小二乘的估计值。本书对模型8和模型10的回归方程中将要进行的变量之间回归模型中的VIF进行计算，模型中各个自变量的方差膨胀因子值介于1.1~5.7之间，说明这些变量之间不存在较强的多重共线性问题。

为了排除控制变量的影响，我们在模型5中先将控制变量放入回归方程，发现控制变量中的企业规模与企业社会责任战略正相关（β=0.750；p<0.001）。在模型6中，我们将自变量放入回归方程，三个自变量均对企业社会责任战略有显著正向作用。在模型7中，我们放入调节变量，发现是否上市对企业社会责任战略选择有显著影响（β=-0.550；p<0.001）。在模型8中，放入交互项"监管压力×上市"，发现影响不显著（β=0.088；ns）。在模型10中，放入交互项"社会认可压力×上市"，结果并不显著（β=0.003；ns）。在模型9中我们进行了交互项"媒体和公众压力×上市"对社会责任战略作用的检验，由于媒体和公众压力、上市都是分类变量，所以运用一般线性模型检验调节效益，

发现上市显著调节媒体和公众压力对企业社会责任战略的影响（β=-0.304，p<0.1）。从图5-1中可以看出，上市银行媒体和公众压力对企业社会责任战略影响的斜率高于非上市银行的媒体和公众压力对企业社会责任战略影响的斜率。因此，假设6得到了数据支持，而假设5和假设7没有得到数据支持。

表5-6 是否上市在社会责任压力和社会责任战略之间的调节效应

变量类型	企业社会责任战略					
	M5	M6	M7	M8	M9	M10
（控制变量）						
年份1	0.021	−0.023	−0.032	−0.018	0.055	−0.034
年份2	0.038	−0.033	−0.003	0.011	0.014	−0.004
企业风险	−0.045	−0.054	0.014	0.021	0.198	0.034
企业规模	0.750***	0.259**	0.005	−0.013	−0.030	−0.013
财务表现	0.009	0.052	0.059	0.063		0.054
（自变量）						
监管压力		0.159*	0.126*	0.091	0.011*	0.084
媒体和公众压力		0.314***	0.253***	0.242**	−0.237**	0.256***
社会认可压力		0.266**	0.098	0.089	0.046	0.151†
（调节变量/效应）						
上市			−0.550***	−0.568***	0.677***	−0.546***
监管压力×上市				0.088		
媒体和公众压力×上市					−0.304†	
社会认可压力×上市						0.003
R^2	0.538	0.688	0.799	0.804	—	0.803
调整R^2	0.517	0.665	0.783	0.786	—	0.785
R^2更改	0.538***	0.150***	0.111***	0.005		0.000

注：† $p<0.10$（双尾）；* $p<0.05$（双尾）；** $p<0.01$（双尾）；*** $p<0.001$（双尾）。

5.2.4 企业社会责任战略在社会责任压力与财务绩效之间的中介作用检验

我们采用最常用也是最传统的检验中介效应的方法，即 Baron & Kenny（1986）提出的中介效应检验程序：第一步自变量影响因变量；第二步自变量影响中介变量；第三步控制中介变量后，自变量对因变

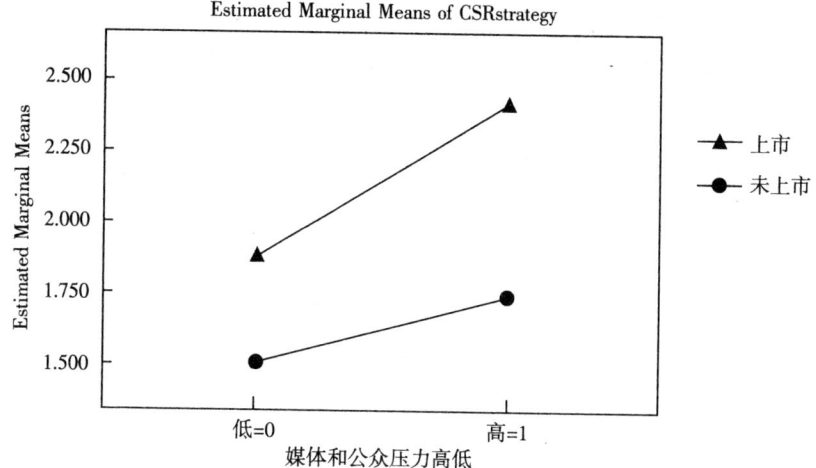

图 5-1 是否上市对媒体和公众压力与社会责任战略之间关系的调节效应

量的作用消失了,或是明显减小了。在检验中介效应的过程中,要注意以下两点:第一,建立因果关系。中介作用意味着一个因果链——中介变量由自变量引起,并影响了因变量的变化(Kenny, Kashy & Bolger, 1998)。因果关系是建立中介作用中最重要的一个环节。第二,检验中介作用。根据 Baron 和 Kenny (1986) 的回归方法,如果一个变量满足以下条件,这个变量就起到了中介变量的作用。

(1) 自变量的变化能够显著解释因变量的变化,即图 5-2 中的 b_1 应显著不等于零;

(2) 自变量 X 的变化能显著地解释中介变量 M 的变化,即图 5-2 中 b_2 应显著不等于零;

(3) 当控制中介变量后,自变量对因变量的影响 b_3 应等于零,或显著降低,即 $b_3 < b_1$,同时 b_4 应显著不等于零。① 这样的结果表明 X

---

① 罗胜强,姜嬿. 调节变量和中介变量 [A]//陈晓萍,徐淑英,樊景立. 组织与管理研究的实证方法 [C]. 北京:北京大学出版社,2008:312-331.

对 Y 的影响完全是由于 M 或主要是由于 M。如果 b3 等于零，M 就是完全中介变量（full mediator）；如果 b3 不等于零但小于 b1，M 就是部分中介变量（partial mediator）；如果 b3 不小于 b1，M 作为中介变量的假设就不能成立。

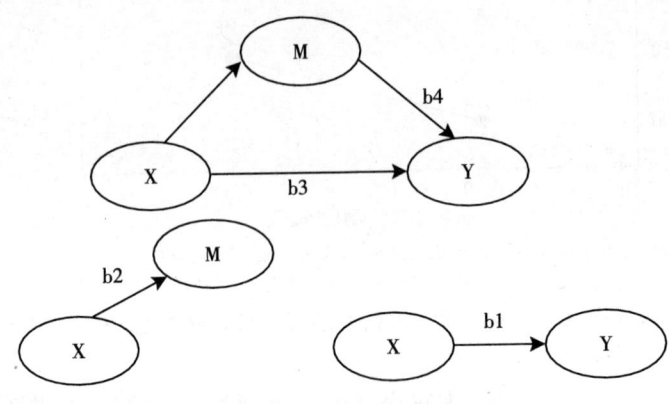

图 5-2　中介作用检验

我们在检验企业社会责任战略在社会责任压力与财务绩效之间的中介作用时，遵循了上述步骤，如表 5-7 所示。第一步，在模型 11 中，我们引入控制变量对因变量的回归，发现财务表现对滞后一年的财务绩效，即净利润率（t+1）有显著影响（$\beta=0.226$，$p<0.01$）；在模型 12，模型 13 和模型 14 中分别引入自变量对因变量的回归，发现监管压力对财务绩效影响显著（$\beta=0.166$，$p<0.1$）；媒体和公众压力对财务绩效影响显著（$\beta=0.251$，$p<0.05$）；社会认可压力对财务绩效影响显著（$\beta=0.381$，$p<0.01$）。也就是说，自变量的变化能显著地解释因变量的变化。第二步，我们进行了自变量对中介变量的检验。在模型 16 中，我们引入自变量对中介变量的回归，发现监管压力对社会责任战略有显著影响（$\beta=0.159$，$p<0.05$）；媒体和公众压力对社会责任战略有显著影响（$\beta=0.314$，$p<0.001$）；社会认可压力对社会责任战略有显著影响（$\beta=0.266$，$p<0.01$）。也就是说，自变量的变化显著地解释了中介变量

的变化。第三步，控制中介变量，检验自变量对因变量的影响。在模型 17 中，我们发现控制中介变量后，自变量对因变量没有显著影响，即监管压力对财务绩效无显著影响（β=0.097，ns），媒体和公众压力对财务绩效无显著影响（β=0.175，ns），社会认可压力对财务绩效无显著影响（β=0.143，ns）；同时中介变量社会责任战略对因变量财务绩效的影响显著（β=0.289，p<0.1）。由此，我们可以认为企业社会责任战略在社会责任压力与财务绩效之间起着完全中介作用。因此，假设 8a、假设 8b、假设 9a、假设 9b、假设 10a、假设 10b 都得到了数据支持。

表 5-7 社会责任战略在社会责任压力与财务绩效之间的中介效应

变量类型	社会责任战略		财务绩效 [净利润率（t+1）]				
	M15	M16	M11	M12	M13	M14	M17
(控制变量)							
年份 1	0.021	−0.023	0.211*	0.204*	0.194*	0.212*	0.211*
年份 2	0.038	−0.033	0.289**	0.285**	0.279**	0.235*	0.256*
企业风险	−0.045	−0.054	−0.120	−0.138†	−0.114	−0.198	−0.223
企业规模	0.750***	0.259**	0.053	−0.036	−0.124	−0.151	−0.372*
财务表现	0.009	0.052	0.226**	0.224**	0.234**	0.117	0.129
(自变量)							
监管压力		0.159*		0.166†			0.097
媒体和公众压力		0.314***			0.251*		0.175
社会认可压力		0.266**				0.381**	0.143
(中介变量)							
社会责任战略							0.289†
R^2	0.538	0.688	0.102	0.120	0.136	0.196	0.258
调整 R^2	0.517	0.665	0.074	0.087	0.104	0.153	0.195
R^2 更改	0.538***	0.150***	0.102***	0.018†	0.034*	0.074**	0.026†

注：† $p < 0.10$（双尾）；* $p < 0.05$（双尾）；** $p < 0.01$（双尾）；*** $p < 0.001$（双尾）。

表 5-8 实证检验的结果汇总

假设	具体内容	实证结果
H1	监管压力对企业社会责任战略有正向影响	支持
H2	相对于低媒体和公众压力的银行而言，高媒体和公众压力的银行更倾向于选择社会责任战略	支持
H3	社会认可的压力对企业社会责任战略有正向影响	支持

续表

假设	具体内容	实证结果
H4	企业社会责任战略与未来财务绩效正相关	支持
H5	是否上市调节监管压力和企业社会责任战略之间的关系。相对于非上市银行而言，上市银行的监管压力和企业社会责任战略之间的正向关系较强	不支持
H6	是否上市调节媒体和公众的压力与企业社会责任战略之间的关系。对于非上市银行而言，上市银行更能促进媒体和公众的压力对企业社会责任战略的正向影响	支持
H7	是否上市调节社会认可的压力和企业社会责任战略之间的关系。对于非上市银行而言，上市银行的社会认可压力和企业社会责任战略之间的正向关系较强	不支持
H8a	监管压力对财务绩效具有正向影响	支持
H8b	监管压力对财务绩效的影响是通过企业社会责任战略实现的	支持
H9a	媒体和公众的压力对财务绩效具有正向影响	支持
H9b	媒体和公众的压力对财务绩效的影响是通过企业社会责任战略实现的	支持
H10a	社会认可的压力对财务绩效具有正向影响	支持
H10b	社会认可的压力对财务绩效的影响是通过企业社会责任战略实现的	支持

5.3 实证结果的讨论与解释

5.3.1 监管压力对企业社会责任战略具有显著正向影响

行业监管压力对企业社会责任战略有显著影响，而且是正相关关系。笔者分析，从实践来看，商业银行社会责任战略受到行业监管机构显著影响的原因主要有：第一，商业银行与政府、央行、银监会有着传统的上下互动关系，监管部门通过正式的通知和文件对商业银行社会责任进行规定；第二，制度因素通过合法性机制改变企业的资源供给来影响企业社会责任战略。

（1）中国商业银行与行业监管机构传统的上下互动关系。

银行业的稳定与效率直接影响着国民经济的稳定与发展，甚至整个社会的安定，所以世界各国政府普遍重视对银行业的监管，中国政府也不例外。而且，中国的国有银行比例很高，中国的政府拥有银行比例（99.45%）远高于世界平均水平（29.1%），也远高于德国（36.36%）和美国（0）（李涛，2003）。中国政府通过国有股份的方式直接控制银行的所有权，并且通过对银行高管的任免权实现银行服务于社会经济、政治、文化等协调发展的功能，因此中国政府对商业银行的社会责任要求会得到商业银行内部的高度重视。

根据十届全国人大一次会议通过的国务院机构改革方案，决定成立中国银行业监督管理委员会（以下简称银监会），履行银行监管职能。很显然，成立银监会不是一种临时的、过渡性行为，而是从我国具体国情出发而做出的长期制度安排。银监会通过向商业银行下发"意见"的方式向商业银行提出履行社会责任的要求，而各商业银行都会对其要求做出反应，迎合监管机构的要求。

以建行为例①：

①央行、银监会要求银行业支持中小企业发展。建行邯郸分行承诺对全区中小企业融资需求不设总量规模限制，承诺对符合贷款条件和评级要求的小企业客户给予大力支持。

②央行要求合理控制放贷，绿色放贷。建行根据国家产业政策调整信贷政策，对国家重点项目建设、重点产业振兴计划和"三农"发展等领域合理增加信贷投放。对于不符合国家产业政策要求、达不到国家环保评估和排放规定的项目，坚决不予放贷。

③银监会要求企业与员工共同成长。近年来，建行开展诸如"快乐工作、我来支招"等员工发展计划活动，激发员工的主动精神和创新精神，营造了积极向上、争当先进的工作氛围。

---

① 摘自中国建设银行相关报道。

④银监会要求银行金融创新、银企合作。建行在支持中小企业发展的要求下,推出中小企业信贷服务品牌"速贷通"和"成长之路",并与阿里巴巴开展了银企合作,共同开发金融创新产品,得到了社会的认可。

监管机构对商业银行的社会责任要求以及银行的及时反应体现了两者之间的上下互动关系,体现了监管机构对银行的社会责任导向,也体现了银行为获得合法性而积极迎合监管部门的要求。

(2) 制度因素通过合法性机制来影响企业社会责任战略。

很多有关制度的理论和研究,都假定自上而下的社会影响模型。人们之所以关注制度,一个先决条件是制度对组织的影响力,但是制度环境力量不能单方面影响其中的组织及其社会责任绩效,不断发展的制度理论对此进行了两方面修正。

首先,制度环境不是单一的,而是经常变化的。我国商业银行的监管制度就经历了几个主要发展阶段。从1948年12月1日起,中国人民银行一直行使着国家银行职能。20世纪80年代,随着农业银行、中国银行、工商银行等的建立,1984年,中国人民银行开始专门行使中央银行职能,我国的中央银行体制开始确立并不断发展,直到2003年中国银监会作为独立的监管部门开始行使对商业银行的监管职能。对银行社会责任的要求直到2007年底银监会才以正式文件的方式对商业银行进行规定。不能说在此之前监管部门对银行没有社会责任的要求,事实上这种银行承担社会责任、调控国民经济的要求一直存在。从1996年我国顺利实现经济软着陆,到1997年亚洲金融危机爆发,再到1998年我国宏观调控转向"积极的财政政策与稳健的货币政策",发行国债补充银行资本金,增强银行贷款能力……我们可以看出,国家的宏观调控政策是发展变化的,相对应的商业银行贷款导向也随之改变,在此过程中,商业银行通过配合国家宏观调控政策获得合法性,获得更多资源,服务于国民经济健康稳定发展的大局。2007年,美国次贷危机爆发并迅速演变为全球金融危机,世界主要经济体认识到金融监管问题是引起这次金融危机的主要原因之一。我国通过这次金融危机,开始加强宏观审慎监管和微观审慎监管,防范系统性风险,并加强保护金融消费者、投资者。其中微观审慎体现为每个金融机构都应保持自身的健康性,并通过监管来督促微观主体的健康性。以国有大型商业银行为例,2011年末,工商银行、农业银行、中国银行、建设银行、交通银行的资本充足率分别达到12.0%、11.7%、12.9%、12.9%和12.4%,均高于11.5%的监管要求;不良贷款率为0.9%、1.5%、1.1%、1.1%和0.86%,呈逐年下降趋势。由此可见,商业银行努力实现监管部门提出的资本充足率和不良贷款率的要求,确保自身健康发展,从根本上保护了金融消费者和投资者的利益。

其次,参与者也卷入制度化构建过程中。这种"自下而上"的模式成为"自上而下"模式的有益补充。2012年,银监会发文要求整治银行业金融机构不规范经营,并实践社会责任。各银行在整治银行业金融机构不规范经营过程中的表现和整治力度不同。

以国有大型商业银行为例[①]:

工行抚州分行在各个营业点公布"七不准"规定,建立"四公开"制度,并将规定落实到日常业务和经营管理中。

农行青海分行全面开展不规范经营治理工作,重点治理了信贷业务中的附加不合理贷款条件、服务收费中的不合理收费等方面存在的问题。

建行吉安市分行根据银监会的要求,就信贷审批条件的不规范行为进行了自查,并作出了书面报告。

---

① 详见中国金融网 http://www.zgjrw.com/News 等各大网站。

目前，银行不规范经营的整治工作还在进行中，整治的过程和结果将对今后的银行规范化经营制度产生影响。各商业银行卷入了规范经营的制度构建中，获取合法性并对制度构建采取了一系列战略性回应态度。

5.3.2 媒体和公众压力高的银行比媒体和公众压力低的银行更倾向于社会责任战略

媒体和公众的舆论监督力量对企业社会责任战略的正向影响已经得到前人和本书的实证研究支持，媒体和公众的要求可以促进银行更好地履行社会责任。在实践中也是如此，近年来银行不合理收费问题将银行推到社会舆论的风口浪尖。2003年颁布的《商业银行服务价格管理暂行办法》将商业银行法规定的本应由政府部门决定的银行服务定价权下放至各银行总行，使各家银行在收费项目定价上大行其道。尽管国家有关部门多次采取行动，清理银行乱收费，但层出不穷的收费项目依然让人眼花缭乱。2011年3月，银监会、中国人民银行和发改委联合印发了《关于银行业金融机构免除部分服务收费的通知》，要求银行业金融机构在坚持服务价格市场化原则的同时，进一步履行社会责任，自2011年7月1日起免除人民币个人账户的11类34项服务收费。尽管如此，2012年上半年，银行乱收费、服务质量差的报道层出不穷，受到公众的重点关注。如国内主要的银行基本都开通了网银业务，其功能大同小异，但收费却各有不同。就个人网银专业版来看，中行和光大的动态口令牌目前免费，其余银行的U-KEY都有一定工本费，交行收费70元，兴业收费25元。银行乱收费广受诟病，在媒体舆论压力下，银行减少了一些收费项目。尽管银行收费朝着公开、透明的方向发展，但是仍有一些说不清成本的银行收费难以让客户信服。银监会于2012年又发布了《关于整治银行业金融机构不规范经营的通知》,提出"不准以贷转存、不准存贷挂钩、不准以贷收费、不准浮利分费、不准借贷搭售、不准一浮到顶、不准转嫁成本"等禁止性规定;要求银行严格遵守国家价格主管部门和监管机构关于金融服务收费的各项政策规定,按照"合规收费、以质定价、公开透明、减费让利"的原则,统一制定价格并公布收费价目名录;要求对现行收费服务价目进行全面梳理检查,及时自查自纠,要合理收费并公开透明。① 银监会还联合媒体进行明察暗访,对严重违规案例公开曝光,通过舆论监督推动银行业不断规范经营行为,提高金融服务质量。

可以说,治理银行乱收费问题是媒体和公众的监督压力和行业监管部门共同推动的银行社会责任问题。

5.3.3 社会认可压力对企业社会责任战略具有显著正向影响

社会认可对企业社会责任战略的影响在理论上可以从两个视角加以阐释:资源基础观和制度合法性。资源基础观强调资产、技术、能力等在产品市场创造企业竞争优势的作用(Barney,1991;Wernerfelt,1984)。很多因素都是资源,如设备、地理位置、员工和经理人的知识和技能、公司结构、企业文化,以及品牌忠诚等(Barney,1986;Fiol,1991;Castanias & Helfat,1991)。很多理论文章罗列了企业拥有的不同资源以及这些资源的价值,并一致认为 Barney(1991)所提出的异质性资源,即具有稀缺性、价值性、难模仿性和不可替代性的资源构成了企业竞争优势的内生来源,也是创造租金的基础。社会认可压力对商业银行而言,具体表现为社会对其在金融服务、金融产品、金融创新和社会公益等方面的要求,社会认可压力越大的银行越具有社会认可这种无形资源,而这种无形资源有力地促进了银行在社会责

---

① 引自《关于整治银行业金融机构不规范经营的通知》(银监发〔2012〕3号)。

任战略方面的投入。

社会认可压力本身就反映了企业在取得合法性上的努力程度。社会认可是银行生存和发展的基础，越是获得社会认可的银行，才越有可能坚持商业伦理，发挥银行在环境管理中的作用，推出负责任的金融产品和服务，坚持社会公益和以人为本等。或者我们可以这样理解，社会认可压力大的企业，是发展程度较高的企业，这样的企业才有更多的精力、财力和人力等投入到社会责任战略中；社会认可压力小的企业，是发展程度较低的企业，它们更多地停留在能否生存下去的阶段，逐利性在该阶段是企业的主导方向。通过获得社会广泛认可，实现可持续发展，以及企业与环境和社会的协调发展，是企业发展的最终目标，而合法性是企业实现最终目标的必由之路。

社会认可对企业社会责任战略的影响在实践上也可以窥见一斑。以招商银行为例，招商银行秉承"源于社会、回报社会"的理念，多次获得社会认可。2010年，英国《金融时报》（Financial Times）与罗兰贝格管理咨询公司联合发布了"2010英国《金融时报》中国银行业成就奖"榜单，招商银行成为唯一荣获两项大奖的银行，一举摘得"最佳商业银行"、"最佳零售银行"两项殊荣。中国红十字会向招商银行授予"中国红十字杰出奉献奖章"。招商银行面对这些社会认可更加坚定了"回报社会"的发展方向，在其2011年社会责任战略中表明将持续提升客户服务水平、积极探索绿色金融、加大中小企业支持力度、创新开展公益活动等。不管是在理论上，还是实践上，我们都可以认为社会认可压力对社会责任战略的正向影响会对企业长远发展形成促进作用。

5.3.4 企业社会责任战略对财务绩效具有显著正向影响

银行社会责任战略的评价有其鲜明的行业特点，主要包括采纳赤道原则、可持续发展原则、全球契约等国际规范，进行环境风险管理、供应链管理，进行社会责任投资，推出小微贷款、气候产品和其他可持续产品，进行社会赞助、员工培训、培养员工多样性等多个方面。既然银行社会责任战略的评价由以上这些指标构成，那么可以具体看看这些因素对银行财务绩效的影响。

银行作为信用的中介，发放贷款是其核心业务之一，那么可以从社会责任投资的视角来看其对财务绩效的影响。目前，社会责任投资（SRI）这一术语得到学术界的广泛认可，其含义是通过投资获取财务回报，满足投资者的道德要求，实现社会、环境或公司治理的改善，推动可持续发展的金融投资方式（刘波等，2009）。社会责任投资的投资目标通常选定在环境和涉及人的基本生存领域，如环境保护、生态文明、教育、住房、健康、幼儿保育等。这些领域不属于高财务回报的投资范围，但是有研究发现社会责任投资者为了让投资符合其意愿，可以接受较低的经济回报（Lewis & Mackenzie，2000），而 Hellsten 和 Mallin（2006）总结了 18 篇有关社会责任投资的文献，发现有 14 篇的研究结果证明社会责任基金与常规基金的绩效没有差别。换言之，社会责任投资不会导致收益变坏。社会责任投资有助于最小化企业与社会可能的冲突和矛盾，在减少冲突成本上起了很重要的作用。在市场信息不对称的情况下，企业通过社会责任投资传递信息，利益相关者根据所传递的信息对企业声誉和品质做出判断，从而使企业获得竞争优势。

在可持续金融方面，国际上一些银行开发了可持续金融产品。如荷兰银行开发设计了气候指数和水资源指数，并推出了收益和上述指数挂钩的气候和水资源环保理财产品，其市场主体不仅包括商业银行，还包括投资银行、对冲基金、私募基金等机构投资者。国内银行在可持续金融产品和服务上也进行了很多实践，浦发银行在 2008 年出台了《绿色信贷综合服务方案》，包括法国开发署（AFD）能效融资方案、国际金融公司（IFC）能效融资方案、清洁发展机制（CDM）财务顾问方案、绿色股权融资方案和专业支持方案这五个方面。农行于2009年在国内商业银行中较早推出了清洁发展机制（CDM）融资顾问业务，为新能源企业、高耗能企业节能改造和中小企业解决融资问题。兴业银行承诺力争在近两年把兴业打造成中国最大的碳交易金融平台，2009年，兴业银行成立可持续金融中心，2010年，在国内率先推出碳资产质押授信业务，2011年，兴业银行与上海环境能源交易所开展碳交易领域战略合作。

在供应链金融方面，随着全球化和离岸市场的发展，供应链在不断延伸，由于美国、西欧、日本等国家制造业基地的全球化导致可用于抵押以筹集资金的本土资产逐渐减少，并且随着供应链的延伸，资金获取的稳定性需要得到更好的保证，所以全球化背景下供应链金融解决方案显得日益重要。我国商业银行的供应链管理主要集中在国内企业，而不是跨国集团。光大银行加强对汽车产业金融支持，采用"1+N"供应链融资模式，以浙江吉利控股集团为核心厂商，为87家吉利全国经销商开立银行承兑汇票，有力地支持了整车生产厂商做大做强。中国银行通过创新的"供应链融资"等新产品，为重点企业的上下游客户提供资金，促进重点行业的整体产业链健康发展。深发展将为捷豹路虎中国提供涵盖全供应链流程的一揽子融资方案对产业各环节提供有力的金融支持。招商银行创新电子供应链，充分运用新型电子金融结算工具及衍生融资服务，全面实现供应链上下游中小企业资金流与信息流的有效衔接。

我国商业银行除了上述在社会责任投资、可持续金融、供应链金融等方面的努力之外，在环境风险管理、员工福利等多个社会责任战略衡量指标方面都进行了有效实践，在这些指标方面不同的银行所努力的程度是有差别的。事实上，就单项指标而言，企业的投入都在为未来的财务回报奠定基础。综合来看,这些社会责任方面的实践有效地推动了金融创新,执行社会责任战略较好的银行,其财务绩效也相对较高。

5.3.5 是否上市调节企业社会责任压力和社会责任战略之间的关系

实证结果表明:是否上市调节媒体和公众的压力和企业社会责任战略之间的关系。在上市银行中,媒体和公众的压力和企业社会责任战略之间的正向关系较强;而在非上市银行中,媒体和公众的压力和企业社会责任战略之间的正向关系较弱。但是是否上市不调节监管压力和企业社会责任战略之间的关系,也不调节社会认可的压力和企业社会责任战略之间的关系。

笔者分析,原因可能是:①我国银行业监管机构对商业银行的监管要求是一致的,并不会因为上市或不上市而有所不同。虽然证券交易所对上市企业的社会责任披露有规定,而对非上市企业而言,是否披露企业社会责任完全是自愿行为。证券交易所的规定并没有对监管压力与企业社会责任战略之间的关系产生显著影响。从监管压力和社会责任战略的具体指标来看,如监管机构要求银行实行绿色信贷、支持中小企业发展、诚信经营等,这些要求都促使银行更多更好地实施社会责任战略,由于监管压力的指标和社会责任战略的指标对上市银行和非上市银行来说并无区别,所以在上市和非上市两个水平上,监管压力对社会责任战略的影响并无显著差异。②社会认可在金融服务、金融产品、社会公益和金融创新等方面的具体表现对上市银行和非上市银行来说也是一致的,只不过在计算社会认可数值的过程中,我们发现对上市银行的评价更多地来自各大媒体、国际组织等,而对非上市银行的评价大都来自地方各级政府和地方性媒体,这主要是因为非上市银行大部分是城市商业银行,具有经营区域性。因此,可以说社会认可在上市银行和非上市银行两个水平上有评价的层级差异,但是并不会改变社会认可压力对社会责任战略的影响。③在测量媒体和公众的压力时,我们发现上市银行受到媒体和公众较多的关注,而非上市银行受关注较少,有些资产规模在300亿元以下的城市商业银行在行业权威媒体《金融时报》上没有任何报道,而大量报道都涉及上市银行的社会责任战略。媒体上充斥着有关上市企业的相关报道,而对非上市银行的报道却较少,因此是否上市受到的媒体和公众关注是有差别的,在上市和非上市两个水平上,媒体和公众的压力对社会责任战略的影响是不一样的。对上市银行而言,媒体和公众的压力对社会责任战略正向影响较强;对非上市银行而言,媒体和公众的压力对社会责任战略的正向影响较弱。

5.3.6 社会责任战略在企业社会责任压力和财务绩效之间起中介作用

Peng(2006)认为,可以将制度基础观作为战略三角的一个新支柱,提出了"制度—战略—绩效"的研究范式。企业社会责任压力从根本上说源自制度合法性,因此本书采用了"社会责任压力—社会责任战略—绩效"的研究框架,并实证检验了社会责任战略在社会责任压力和财务绩效之间的中介作用。结果表明,监管压力对财务绩效的影响是通过企业社会责任战略实现的,媒体和公众的压力对财务绩效的影响也是通过企业社会责任战略实现的,而社会认可压力对财务绩效的影响还是通过企业社会责任战略实现的。社会责任战略在社会责任压力和财务绩效之间起着完全中介的作用。

改革开放以来,外来文明的冲击使很多企业成为功利型组织,更多地效仿西方发达国家的企业,讲究效率和功利,为了提高效率、实现经营目标,不惜采用一切手段。目标的合理性代替了手段的合理性,功利型组织在实现效用的同时，却忽视了组织、个人和社会的稳定协调发展，带来很多社会、组织和个人之间的矛盾。中外知名企业在辉煌数年后，由于不顾企业社会责任，最后破产、引起公众信任危机的事件不胜枚举。安然曾经是世界上最大的综合性天然气和电力公司之一，因为财务欺诈在几周之内迅速破产。三鹿曾是集奶牛饲养、乳品加工、科研开发为一体的大型企业集团，曾在同行业创造了多项奇迹，然而三聚氰胺事件以及事件背后运营风险管理的失控最终使三鹿被三元收购。

在银行业，摩根大通的巨额交易亏损、瑞士银行集团的魔鬼交易员事件、巴克莱银行涉嫌操纵伦敦银行间同业拆借利率、汇丰银行被美国国会指控其墨西哥分行涉嫌协助洗黑钱及恐怖分子融资……在国内，中国银行黑龙江分行河松支行行长高山携巨款失踪案、中国建设银行董事长张恩照因腐败被"双规"而影响建行进军国际资本市场……这些影响极大的银行丑闻，给银行业带来信任危机，也使银行面临越来越大的社会责任压力，迫使银行为了自身的发展去积极履行社会责任。

目前，我国的商业银行大都初步建立了以利益相关方为出发点、以社会责任战略为核心的社会责任管理体系，努力使利益相关方的关注领域和企业社会责任关注领域更加一致。利益相关者理论开拓了人们对企业社会责任的认识，即企业履行社会责任是企业应尽的义务。与传统的股东利益至上的主张所不同的是，利益相关者理论认为公司的发展离不开各种利益相关者的参与和支持，企业追求的是利益相关者的整体利益，而不仅是股东的利益。如果经理人和学者采纳利益相关者概念，并把利益相关者关系视为一个更有益的战略分析单位，将为应对企业面对的各种变化提供帮助（Freeman, 1984）。学者们进行了大量研究，希望验证实行利益相关者管理的公司在业绩上超过不实行利益相关者管理的公司。Graves & Waddock（1990）指出，在过去的20年中，制度型利益相关者的重要性大大增强。企业如果表现出高社会责任，会使投资于股票的机构数量大增（Graves & Waddock，1994）。还有一些研究试图发现利益相关者管理和社会责任以及财务绩效之间的联系（Berman et al.，1999；Harrison & Fiet，1999；Luoma & Goodstein，1999）。利益相关者管理对公司财务绩效有正向影响（Berman et al.，1999）。Harrison和Fiet（1999）发现新任CEO为了获得短期利润、降低自己的职业风险，会在接班后削减在长期投资领域如研发、养老金等方面的资源配置，而这些削减计划危害了一些利益相关者的利益，并对公司的核心竞争力和长期发展产生了不良影响。Ogden和Watson（1999）对英国水工业的企业和利益相关者管理进行了详细的案例研究，虽然水工业的企业改善客户服务会消耗企业当期利润，但是客户服务的改善给股东带来了回报，这一研究结论与利益相关者理论是相吻合的。从上述有关利益相关者管理的研究结果可以发现，进行利益相关者管理，即兼顾监管机构、媒体和公众，以及社会整体利益等利益相关方的利益，并通过实施企业社会责任战略，才能最终改善企业的财务绩效。

5.3.7 控制变量的作用

所有的假设检验中都控制了年份、企业规模、企业风险和财务表现。企业规模对社会责任战略有显著正向影响，但对财务绩效影响是负向的，说明规模越大的企业，越重视社会责任战略，但是规模大并不意味着财务绩效好，如表5-5所示，在模型4中，我们发现规模大的企业，其财务绩效却较低。很多以企业社会责任为因变量的研究发现，企业财务表现与社会责任呈正相关，还有一些研究发现两者之间无相关关系，或是混合关系（Margolis & James，2003）。我们发现财务表现与社会责任战略只有微弱的正向关系,财务表现与滞后一年的财务绩效显著正相关(M4,M11,M12,M13)。尽管在我们的研究模型中,财务表现对社会责任战略的影响并不显著(M1,β=0.009,ns;M2,β=0.052,ns),但是从理论上讲,财务表现作为企业在社会责任领域投入的基本保证,在探讨企业社会责任战略的动因时是必须考虑的因素。

第6章 我国商业银行实施社会责任战略实现可持续发展的建议

6.1 我国商业银行社会责任战略的实施建议

6.1.1 规制合法性的管理

如何在规制合法性方面推进我国商业银行的社会责任战略在学界和银行界都备受关注。规制合法性促进银行社会责任战略主要集中在以下几个方面。

（1）绿色信贷方面。银监会2007年发布了《节能减排授信工作指导意见》，2010年，央行和银监会联合又发布了《关于进一步做好节能减排和淘汰落后产能金融服务工作的意见》，2012年，银监会又发布了《关于印发绿色信贷指引的通知》。这些文件虽然要求商业银行加强信贷政策和国家产业政策、环境保护政策等的协调配合，以绿色信贷为抓手，有效防范环境和社会风险，促进经济发展方式转变和经济结构调整，但是由于实施方案和具体细则较粗略，不能有效发挥信贷杠杆对环境保护和惩罚环境违规的作用。例如，2010年紫金矿业污染事件造成汀江部分水域严重污染及大量网箱养鱼死亡,导致汀江上下游产业链和生态环境遭到严重破坏,多名相关责任人被追究法律责任,但是给紫金矿业提供贷款的银行却并没有承担相应责任。因此需要建立绿色信贷法律制度,建立贷款项目对环境和社会影响的评估体系,实施贷款项目的环境和社会影响评估。对于违规放贷的银行,要追究法律责任。

(2)各部门联合监督方面。2009年,中国人民银行和环保部门要求共享环境污染信息,即打通金融监管部门和环保部门之间的的企业环境污染信息。但目前规定仅要求环保部门向央行征信系统提供企业污染环境的相关信息,却没有要求信息的反向传递。我们认为,重要的是政府各部门之间的有效合作,从社会和环境的整体利益出发,落实绿色金融政策,才能从根本上保护环境和公众安全。

(3)对金融消费者的保护方面。2007年金融危机以来,美国政府于2010年通过了《多德—弗兰克华尔街改革和消费者保护法案》(the Dodd-Frank Wall Street Reform and Consumer Protection Act),既强化了美联储的监管地位,又努力维护了消费者的合法权利,还专门设立了消费者金融保护局(Consumer Financial Protection Bureau)。相对于金融产品服务提供者而言,消费者处于信息不对称的地位,简单的信息披露不能解决消费者认知不足的问题,因此需要对消费者进行教育或告知真相,而消费者金融保护局就是为金融产品和服务的消费者提供保护的监管机构。在我国,金融市场不断发展,银行产品层出不穷,一般老百姓根本没法了解专业化和技术化的金融市场,社会上也出现了很多侵害消费者利益的事情。因此,在我国现行的"一行三会"的监管框架下,通过立法来建立金融消费者保护制度,包括一些信用评级机构也应该在金融消费者保护框架内进行规制。

(4)信息披露方面。商业银行在国家金融体系中扮演着重要角色,

第6章 我国商业银行实施社会责任战略实现可持续发展的建议

商业银行是高负债企业,资金大部分来自存款人,只有商业银行全面、真实地披露信息,监管部门才能及时发现其经营风险,提高监管效率。1998年9月,巴塞尔银行监管委员会发布了《增强银行透明度》的文件,就银行透明度在有效银行监管中的意义做了阐释,并且指出所谓透明信息应具有全面性(comprehensiveness)、相关性和及时性(relevance and timeliness)、真实性(reliability)、可比性(comparability)和重要性(materiality)等特征。通过增强银行透明度,信息使用者可以及时准确地评价银行的经营活动、财务状况、风险管理等方面;可以降低道德风险,促进银行稳健经营;可以促进银行之间的竞争,提高资源配置效率;可以降低监管的社会成本;可以降低系统性风险,因为当银行风险增加时,市场反应可能比监管部门更迅速。2006年12月,银监会发布了《商业银行信息办法》,要求商业银行应遵循真实性、准确性、完整性和可比性的原则,规范地披露信息,并就披露财务会计信息、各类风险管理状况、公司治理、年度重大事项等方面做了具体规定。目前我国商业银行的信息披露存在的问题是:

①信息披露不统一。对于非上市银行,是否公开披露信息是自愿行为,这就造成了有的银行披露了,而有的银行未披露的情况,不利于信息的全面比较和分析。2010年,我国有大型商业银行5家,股份制商业银行12家,城市商业银行147家,其中大型商业银行和股份制商业银行都进行了较为详细的信息披露,而城市商业银行只有45家进行了信息披露,占比31%。自愿披露信息的银行,其披露的格式、内容差别也很大,从两三页到一百多页不等。

②信息披露不充分。在商业银行信息披露中,风险信息尤其重要。巴塞尔委员会建议银行披露的风险包括市场风险、操作风险、流动性风险等,既要有定性信息,也要有定量信息。而我国商业银行公布的信息大都是定性风险信息,定量风险信息较少。以市场风险为例,国

际上一般使用 VAR、EAR 风险计量模型来分析银行各种业务和投资组合的市场风险,将资本水平和承担的市场风险挂钩,以增强抵御风险的能力,促进银行稳健经营。而我国商业银行的风险评估技术和管理还没有达到这些要求。

综合上述两点问题,在商业银行信息披露的规制合法性方面,首先,监管部门应该结合国际范例和国内实际情况进行披露信息指引的补充和修订,建立完善的公开信息披露制度。其次,由于我国商业银行层次较多,披露状况差异很大,因此监管部门可以适当引导小型商业银行的信息披露,避免完全不披露任何信息,特别是财务信息的情况。最后,不管是上市银行,还是非上市银行,都应该遵守统一的信息披露制度。

6.1.2 规范合法性的管理

商业银行承担伦理责任和慈善责任并不是必须的义务,但是银行业金融机构作为社会组织对其他社会群体负有道德责任。银行发放贷款对整个社会的资金流向具有指导意义。银行如果承担伦理责任和慈善责任,那些有盈利能力但对社会发展不利的企业便不应该在银行贷款对象之内,而那些处于社会底层的弱势群体更应该得到银行的关注,如贫困学生的教育贷款、灾区的重建和生产恢复等。

银行规范合法性的管理,分为三个层次。首先是银行决策层的规范合法性管理。在我国商业银行的产权体制下,决策层个人大都不拥有相应的产权,而且不为自己的行为承担全部后果,因此产生了决策行为非市场化的问题。更严重的是,当其自身需要未得到满足时,受其价值取向、道德观念的影响,就会故意导致银行处于风险状态或造成损失。"高山案"、"张恩照事件"、"屈建国案"等银行决策层的案件充分说明了这一点。其次是银行管理层的规范合法性管理。管理层在任期内利益目标短期化，对下级违规行为反应迟钝甚至默许等现象时有发生。最后是银行经营操作层的规范合法性管理。2012年11月，投资者在华夏银行上海嘉定支行门口围堵讨债，由此一款名为"中鼎财富投资计划"的理财产品浮出水面。华夏银行声称其员工违规私下参与该产品的销售，而华夏银行把问题全部抛给员工，也不能完全撇清干系。类似的事件近年来层出不穷，反映出银行对经营操作层缺乏有效管理，既对员工缺乏有效规范，也对营业网点缺少末端管理。

对于银行内部决策层、管理层和经营操作层的规范合法性管理，可以从几个方面加以引导。①激励机制。长期的激励机制有助于抑制道德风险，如企业年金、退休计划、股票期权等方式，将个人利益与银行未来发展联系起来，让银行决策层、管理层和经营层更关系企业的未来。②建设积极向上的企业文化。合规经营理念的渗透和良好道德文化的形成有助于正确引导银行各层员工的价值观、道德观和归属感。③加强信息披露。对违规经营的人员和合规经营的人员都进行信息公开，这样违规经营人员的道德风险成本增大，而合规经营的人员将受到行业内的认可，可以获得更好的职业前景。④依靠媒体和公众的监督。例如，2012年，国内多家媒体对银行乱收费问题进行了持续报道，公众也对银行乱收费积怨已久。如今，多家银行在监管机构、媒体以及公众的监督下已进行整改，规范了收费项目和金额。

6.1.3 文化—认知合法性的管理

在文化—认知方面，应该发扬中国传统文化对商业伦理和社会责任的促进作用。第一，用"义利一体"的思想推动企业回馈社会。"财自道生，利缘义取"、"君子爱财，取之有道"等思想在现代社会还是应该大力弘扬。获取利润是企业从事经营活动的基本动力，也是维持企业生存和发展的必然要求，但是必须要合法获利。在自身取得经济效益和不断发展的同时,需要承担社会责任,企业作为社会组织需要将企业发展和社会发展协调在一起。事实上,中国传统的义利观和联合国前秘书长安南提出的关于企业社会责任的"全球协议"(Global Compact)以及西方的企业公民概念有异曲同工之处。第二,与自然相和谐。中国传统文化强调"天人合一"的思想,推崇人和自然的和谐共生。然而工业文明在提高生产力的同时,也破坏了人与自然的关系,企业过度消耗自然资源以及排放污染物,生态环境变得无比脆弱。善待自然是当今企业必须要面对的问题,因此银行应该发挥资金杠杆作用,推动产业结构向低能耗、高效率的方向发展。第三,以仁德之心善待公众。企业的发展离不开整个社会的良性运转,企业应该以仁德之心善待员工、消费者和其他利益相关者,而员工、消费者和其他利益相关者也会回报企业。在市场经济条件下,这种回报体现为员工对企业的忠诚、消费者对企业产品和服务的信赖、公众对企业的赞誉等。

Hoffman(1999)对美国化工行业环保主义的研究支持了制度中规制的、规范的和认知的方面是相互联系的观点,并且可以在三者中转化(Hirsch,1997),"支柱"无论从分析角度还是运营角度看,都不是单独存在的(Scott,1995)。四个历史阶段中,每一个阶段都有一个制度的"支柱"占据主导地位,从一种类型演化到下一种类型。顺序如下:①对以前制度信念的质疑;②规制性制度;③规范性制度;④认知性制度。在每一个阶段,除了占主导地位的支柱,其他的"支柱"也在发挥作用,有时和主导的支柱一致,有的时候不一致(Hoffman,1999)。允许内部联系的存在并不是承认每一种类型的制度在更广的组织场域中是平等的(Hirsch,1997)。制度的规制性和规范性方面是"人类设计的产物,工具导向的个体的有目的的活动的结果"(DiMaggio & Powell,1991),因此,偏离和争论可能会存在(Hirsch,1997)。但是制度的认知方面是最不容易改变的。它们形成了理所当然的信念，不愿意改变（DiMaggio & Powell，1991；Hirsch，1997）。

由于认知合法性在合法性三个支柱中是最深刻的，位于最深层，所以通过社会认可压力推动企业社会责任认知的形成，才能从根本上促使企业积极主动的实施社会责任战略，并将社会责任战略融入企业长期发展目标，实现可持续发展。

6.2 融合社会责任和财务绩效的商业银行可持续发展

6.2.1 企业营利性和企业社会责任

2003年，管理大师迈克尔·波特发表了"Corporate Philanthropy：Taking the High Ground"的论文，从企业竞争优势的角度论述了企业营利和慈善事业之间的关系。Porter（2003）指出，企业慈善有两个核心原则：第一，专注在社会利益和经济利益交汇的领域；第二，运用特殊企业资源，而不仅是金钱，去应对社会挑战。对于原则一，企业的社会目标和经济目标从来不是分开的，我们越多地研究企业竞争，就越能发现两者的重合之处。例如，教育和培训传统上被视为社会问题，但是现在几乎所有的美国公司都认识到社会如果缺乏良好教育和培训，那么企业将失去竞争优势。因此，教育和培训既是社会问题也是经济问题，安全问题、环境问题、健康和营养等都是如此。很多社会问题都对企业竞争能力产生直接影响，企业家可以找到同时实现社会价值和经济价值，又能提高竞争力的慈善活动领域。对于原则二，如果企业能够运用其资源、专业技能和洞察力在欠发达地区创造繁荣经济，那么这个企业在推动慈善组织的社会发展方面将产生强大影响力。企业能为其所在的社会做出的最大贡献在于发展地方经济，只有这样才能长期提高人民的生活水平和生活质量。

企业社会责任中只有规制合法性是由监管部门和法律强制实施的，而规范合法性和文化—认知合法性的履行取决于社会的道德要求，通过舆论、社会行动等对企业产生影响。只有当规范和认知动因能具体化并成为影响企业经营和营利活动的因素时，才能产生企业必须履行社会责任并将其纳入经营目标的内在动机，而这样的内化过程必须由市场来完成。

今天的中国商业银行实现营利性和履行企业社会责任之间存在越来越多的可能。以绿色信贷为例来说明银行营利和社会责任的统一，对商业银行来说，绿色信贷、节能减排是关系经济社会和银行自身可持续发展的关键问题。银行承担社会责任，对社会造成正的外部影响，边际社会收益 MSB 大于边际收益 MR，银行不实施绿色信贷，按照利润最大化原则提供数量 Q 的信贷产品，实施绿色信贷后，社会对银行的认可度提高，对银行信贷需求也会提高，从 Q 增加到 Q*，银行营利能力提升，增加的福利为 ABC 围成的区域（马萍等，2009），如图 6-1 所示。

我国商业银行实现社会责任和财务绩效的统一，从绿色信贷到赤道原则（Equator Principles），再到碳金融（Carbon Finance），还有很长的路要走。碳金融通常指提供给温室气体减排量购买者的资源，是近十年来伴随低碳经济出现的国际金融领域的重要创新，指所有服务于温室气体排放的金融活动，包括碳指标交易和银行贷款等。现阶段，我国碳金融产品主要有四类：清洁发展机制（Clean Development Mechanism，CDM）的远期市场交易、碳基金、碳能效融资和碳理财金融产品。其中，CDM 远期交易项目是我国参与国际碳金融市场的主要方式，在国

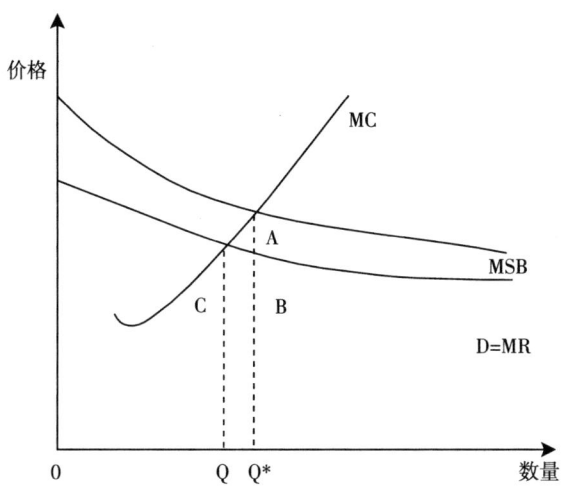

图 6-1 银行履行社会责任后引起的社会需求

资料来源：马萍，姜海峰. 绿色信贷与社会责任［J］. 当代经济管理，2009，31（6）：70-73.

内碳能效融资或称为绿色信贷是主要的碳金融支持方式。虽然北京银行、兴业银行和上海浦东发展银行在 2007 年就开始与国际金融公司（IFC）合作在国内开展碳融资业务，中国银行、深圳发展银行推出的与碳排放权挂钩的理财产品深受市场欢迎，但是从总体上看，我国商业银行在碳金融产品开发方面存着在产品单一的问题。

2005 年，《京都议定书》正式生效，欧盟开始设立配额交易市场，碳交易一直受到政府、金融机构、跨国组织等的重视，市场容量大幅增长。随着对碳交易的重视，我国已成为 CDM 一级市场上最大的供给国家，却未能占据碳交易价值链的高端位置，人民币被完全排除在国际碳交易计价结算货币之外。建立发达完善的碳金融体系是争夺碳定价权的关键，因此在规制方面，首先，需要制定碳交易规则，碳金融交易机制是把碳排放指标资本证券化的一种金融形式，需要让交易方用合法手段以公开透明的交易规则行事。其次，建立碳交易平台，将北京环境交易所、上海环境交易所和天津排污权交易所建设成真正意义上的碳交易市场，而不仅是以 CDM 为代表的项目交易。最后，需要鼓励商业银行进行碳金融创新,积极推广"低碳信贷"等金融创新形式,如以排污权许可证为抵押品的环保贷款、为CDM项目提供资金清算服务、银行类碳基金理财产品、以碳核证减排量(CERs)收益权作为质押的贷款等,最终在碳金融上实现商业银行财务绩效和社会责任战略共同成长的可持续发展。

6.2.2 商业银行的社会责任

商业银行的社会责任意味着传统文化和现代文明的融合。春秋战国时期的思想家孔子、孟子、荀子等就对保护自然环境,实现持续利用等思想进行了论述。在中国传统文化中,儒家、道家、佛家围绕着"天人关系"都阐述了朴素的可持续发展思想。

儒家主张兼爱万物,认为人是自然的一部分,人对自然应该采取顺应、友善的态度。为了保证人类生产和生活资源的可持续性,儒家认为要顺应自然和生物的繁育生长规律。于是,孟子提出"涸泽而渔"的做法不可取。管仲提出了"以时禁发"的思想,"山林虽近,草木虽美,宫室必有度,禁发必有时",要求人们在利用自然资源时,要有固定的时限,不可过度砍伐。孔子提出了"钓而不纲,弋不射宿",即只用一个钩的鱼竿钓鱼,只射飞鸟,而不射巢中的鸟。荀子认为"万物各得其和而生,各得其养而成",认为要对自然万物施以仁。儒家倡导的"礼义"要求统治者克制欲望,对自然资源的利用要有节制。

老子把天地万物的运动规律称为"天道",认为人必须遵守"天道"。"人法地,地法天,天法道,道法自然",也就是说,人以地为法则,地以天为法则,天以道为法则,道以自然为法则。人类的道德行为应该遵循自然法则。

佛家以缘起论为基础构建了人与自然的关系,包含丰富的生态伦理思想。缘起论认为,万法即一切存在都是由因缘结合而形成

第6章 我国商业银行实施社会责任战略实现可持续发展的建议

的,一切事物的存在都是相互依赖、互为条件的。佛家尊重生命的伦理观与可持续发展所要求的种际公平是一致的,慈悲为怀的生态伦理思想客观上促进了人与自然关系的和谐发展。

现代马克思和恩格斯也从经济学、政治学的角度阐述了人与自然的关系。马克思和恩格斯认为人与自然要协调发展,人本身是自然界的产物,是与自然界一起发展起来的。恩格斯曾说我们不要过分陶醉于我们对自然界的胜利,对于每一次这样的胜利,自然界都报复了我们。说明了人类不能沉湎在对自然征服的喜悦中,而看不到人类对自然的掠夺导致的灾难性后果。马克思在一百多年前曾预言,资本主义会导致人与自然、人与人之间关系的不和谐。马克思认为共产主义社会的本质就在于,它是建立在经济高度发达基础之上而又不以经济为唯一动力和目标的社会全面进步和人的全面自由发展的社会。可以说,共产主义社会与企业社会责任思想的基本精神相一致。

中国传统文化和西方现代文明对商业银行通过社会责任战略实现长久发展提供了宝贵的思想财富。在我国,银行在金融资源配置中处于核心地位,其实现长远发展对整个国家的长治久安有着重要意义。企业社会责任战略的概念化维度,即经济、社会和环境,与中国建设和谐社会,实现经济利益、社会利益和环境利益协调发展的时代大背景相契合。目前,我国的制度发展和企业社会责任实践呈现出两个主要特点:一方面,企业社会责任受到规制、规范和认知压力的推动,组织为了获得合法性而必须践行社会责任;另一方面,国内企业社会责任还处于起步阶段(彭泗清等,2007),社会责任活动尚未成为企业惯例。就商业银行而言,大部分商业银行都比较重视社会责任,但是并没有将社会责任上升到企业核心战略的高度,没有将社会责任与企业长期可持续发展联系起来。

荷兰合作银行集团高级经济师 Marcel Jeucken 在著作《可持续金融

与银行业》中提出，银行对社会责任和可持续发展的态度可分为四个阶段：第一阶段，银行对社会责任和可持续问题的关注只能增加成本而没有任何收益，因而采取抗拒态度；第二阶段，环境、社会等社会责任问题对银行的经营产生潜在风险，这时候规避风险的策略最受欢迎；第三阶段，银行已经从环境保护等社会责任活动中发现商机，因而会积极开展相关业务；第四阶段，银行的一切商业活动都与社会责任发展相一致。目前，我国商业银行大都分布在第一阶段和第二阶段，仅有少数步入了第三阶段。因此，在社会责任方面应该做到：

（1）发布社会责任报告或可持续发展报告，向公众发布有关环境、社会、财务方面的信息，环境绩效量化披露，促进经济与资源、环境的协调发展；

（2）开发可持续的金融产品，如CDM项目、气候理财产品、环境基金产品、环境融资租赁服务、碳金融产品等；

（3）投身于与社会责任有关的社会活动、赞助和慈善捐赠，改善社会关系，提升品牌认同；

（4）从日常运营做起，降低能源消耗，实现节能办公；

（5）开展环境风险评估，退出高污染和产能过剩行业，从资源配置上支持技术创新和产业升级；

（6）增加对中小企业、"三农"等国家重点扶持领域的支持力度，以更好地获得合法性；

（7）加强公司治理，即完善经营管理体制、优化内部运行机制、增强风险控制体系等；

（8）平衡各利益相关者之间的关系，实现经济、社会和环境的协调发展。

除此之外，我国商业银行的一个重要特点是政府参与。政府参与对银行的影响主要有两种观点：发展观点（development view）和政治观点（political view）（La Porta et al., 2002）。发展观点主要认为，政府参与通过所有权和金融控制能够将存款投放到特定战略性产业和具有长期经济绩效的项目中，政府可以充分保证经济发展所需要的投资。政府作为银行股东有助于解决市场机制资源配置实效的问题，促进经济和金融的发展，尤其是在发展中国家（Lewis, 1950; Myrdal, 1968），有利于增加公众对银行的信任。此外，政府的效用目标是社会利益最大化，既包括经济诉求，也包括社会诉求和政治诉求。政府参与在要求经济绩效的同时，也会要求银行重视社会责任、承担社会义务、重视员工福利和客户需求等。而政治观点认为，在银行财务绩效层面，政府参与是无效的。政府控制银行是为了提供就业、补贴以及为其支持者提供其他好处，支持者反过来以投票和政治捐赠的形式给予回报（Shleifer & Vishny, 1994）。这种对银行的政治控制在不发达的金融体系和产权保护较差的国家是极有吸引力的。但是就世界各国不同所有制下企业绩效而言，总体上政府参与比无政府参与效益低下（Djankov & Murrell, 2002）。银行业情况也是如此吗？La Porta（2002）发现政府参与银行业在世界范围内广泛存在，即使是在很多国家银行私有化完成之后的1995年，世界平均的政府对银行的所有权占比仍达到41.6%，即便是排除了前社会主义国家，比例仍高达38.5%。我们不能简单认为是政府参与导致了银行低效率，相反，在利益相关者理论视角下，政府代表国家利益，在追求经济效益最大化的同时，比其他利益相关者承担更多的社会责任。在宏观意义上，政府具有政治性和全局性，需要为社会稳定和进步、就业、环境等承担宏观调控职能。在微观意义上，政府作为国家利益的代理人，经济方面的利润实现、法律方面的依法经营、环境方面的环境保护、道德方面的商业伦理和公益慈善都是必行的企业社会责任。由于中国商业银行具有政府参与的特点，而中国政府又一直致力于在规制、规范和认知方面推进银行社会责任战略，推进中国传统文化和现代西方文明对银行社会责任战略和长远发展的积极作用，因此，既追求非经济的、政治或国家的整体利益，又追求经济的、出于实用主义考虑的利益成为中国商业银行普遍追求的目标。

第7章 研究结论和未来展望

7.1 本书研究的主要结论

本书将理论演绎和实证研究相结合,回顾了制度理论、利益相关者理论和企业社会责任的相关研究成果,从组织合法性的角度探讨了企业社会责任压力来源,构建了企业社会责任压力对企业社会责任战略,以及企业社会责任战略对财务绩效的影响模型。同时,运用内容分析法将权威媒体的报道转化为定量数据,并结合企业财务数据进行了实证研究,分析了企业社会责任战略在社会责任压力和财务绩效之间的中介效应。本书对我国商业银行社会责任战略的合法性动因以及商业银行社会责任战略效用进行研究,得到了以下基本结论。

(1)从规制、规范、认知三个方面来分析商业银行的社会责任压力,规制合法性产生的社会责任压力主要是监管压力,规范合法性产生的社会责任压力主要是媒体和公众的要求,认知合法性产生的社会责任压力是社会认可的压力;并发现社会责任压力对社会责任战略有正向影响。

(2)在企业社会责任战略的效用方面,本书在整合相关研究即社会责任战略对经济绩效的影响的基础上,发现在中国银行业,社会责任战略对财务绩效有显著的正向影响。

(3)本书在梳理企业社会责任相关研究成果的基础上,以企业社会责任战略的前因后果研究为主线,提出企业社会责任压力对财务绩效的影响是通过社会责任战略产生作用的。在融合传统文化和现代文明的基础上,商业银行才能更好地实现长远发展。

(4)本书通过实证研究得到以下结论:①监管压力对企业社会责任战略有正向影响。主要原因在于银行与监管部门存在传统的上下互动关系,制度因素通过合法性机制来影响企业社会责任战略。②相对于低媒体和公众压力的银行而言,高媒体和公众压力的银行更倾向于社会责任战略。主要原因在于媒体在塑造制度规范的过程中发挥作用,媒体的正面和负面报道常常引起公众的广泛关注,媒体和公众的压力有力地促进了企业社会责任战略。③社会认可的压力对企业社会责任战略有正向影响。④是否上市调节媒体和公众的压力与企业社会责任战略之间的关系。在上市银行中,媒体和公众的压力和企业社会责任战略之间的正向关系较强;而在非上市银行中,媒体和公众的压力和企业社会责任战略之间的正向关系较弱。⑤社会责任压力对财务绩效有正向影响,而且社会责任压力对财务绩效的影响是通过企业社会责任战略实现的,也就是说,社会责任战略在社会责任压力和财务绩效之间起中介作用。

(5)本书基于理论回顾、实证结论以及我国银行业的实践,从规制合法性管理、规范合法性管理、认知合法性管理三个方面提出了我国商业银行社会责任的实施建议。规制合法性管理应从绿色信贷、各部门联合监督、金融消费者保护以及信息披露四个方面入手。规范合法性管理包含决策层、管理层和经营操作层三个层次,可以从激励机制、企业文化等方面加以引导。认知合法性管理主要应该发扬中国传统文化精髓对商业伦理和社会责任的促进作用。

7.2 研究不足与未来研究方向

（1）本书通过实证研究分析了制度合法性对企业社会责任战略的影响，以及企业社会责任战略对财务绩效的影响，但是对企业面对制度合法性时企业社会责任战略行为的分析较少。而合法性与企业社会责任行为之间的互动关系是值得研究的课题。尽管 Zadek（2004）提出了企业社会责任路径模型，Mirvis & Googins（2006）提出了企业公民阶段模型，Oliver（1991）提出了企业面对制度压力的五种反应策略，但是制度合法性和企业社会责任战略之间的实证研究还是很少。

（2）本书结合制度理论、利益相关者理论以及银行业特点，提出了企业社会责任战略的合法性动力来源，但是这种合法性的动力研究更多地结合了当前我国银行业特点，由于数据获取上的困难，没有对客户要求等方面的社会责任压力进行探讨。

（3）本书在样本选择上也有局限性。根据银监会的统计，截至2010年底，我国有5家国有商业银行，12家股份制商业银行和147家城市商业银行，但由于大部分城市商业银行没有公开披露财务数据，也没有公布年报和社会责任报告，所以本书的样本只有62家银行。此外，由于研究时间和精力的有限，样本的观察期只有四年，如果能增加观察期，并结合多个行业的样本进行实证分析，得出的结论会更有说服力。

（4）对制度情境的探索还不够充分。由于本书仅收集了2008~2011年的数据，因此对制度情境，特别是制度变迁对社会责任战略影响研究还不够深入。例如，2012年，中国商业银行开始实行利率市场化改革，银行进一步参与市场竞争，长期以来依靠利差为主要利润来源的行业状态在制度层面被打破。利益市场化必然对银行社会责任战略产生影响，因此，今后将追踪研究，深入探索制度、战略、绩效三者之间的关系。

（5）本书研究在内容分析法的运用方面十分认真，尽可能采用多种方法来降低不同编码员之间的主观差异，但是这种主观差异仍然存在。未来还需要探究增强编码一致性的有效方法，以更好地保证内容分析的信度。

（6）本书在企业社会责任战略测量上也有一定局限。本书采用了专门测量银行社会责任的量表，是由Scholtens（2009）提出的。该量表全面体现了银行社会责任的不同维度，各个维度均由是/否判断，有利于评判客观化，但是不能体现不同银行在每个维度上的社会责任战略的程度差异。今后，该量表各个维度可以考虑实现社会责任的程度差别，以更好地测量银行社会责任战略。

参考文献

[1] Aiken, L. S. & West, S. G. Multiple Regression: Testing and Interpreting Interactions [M]. Newbury Park, CA: Sage, 1991.

[2] Abbott, W.F. & R.J. Monsen. On the Measurement of Corporate Social Responsibility: Self-reported Disclosure as a Method of Measuring Corporate Social Involvement [J]. Academy of Management Journal, 1979, 22: 501-515.

[3] Aldrich, H. E. & Fiol, M.C. Fools Rush In? The Institutional Context of Industry Creation [J]. Academy of Management Review, 1994, 19 (4): 645-665.

[4] Aldrich, H. E. Organizations Evolving [M]. London: Sage Publications, 1999.

[5] Ancona, Deborah, Thomas Kochan, Maureen Scully, John Van Maanen & D.Eleanor Westney. Managing for Future: Organizational Behavior and Processes [M]. Cincinnati, Oh: South-Western College Publishing, 1996: 11.

[6] Atkinson, L. & Galaskiewicz, J. Stock Ownership and Company Contributions to Charity[J]. Administrative Science Quarterly, 1988, 33: 82-100.

[7] Aupperle, K. E., A. B. Carroll & J. D. Hatfield. An Empirical Examination of the Relationship between Corporate Social Responsibility and Profitability[J]. Academy of Management Journal, 1985, 28 (2): 446-463.

[8] Aupperle, K. E. The Use of Forced Choice Survey Procedures in Assessing Corporate Social Orientation [A]// J. E. Post. Research in Corporate Social Performance and Policy [C]. 1991, 12: 269-280.

[9] Bansal, P. Evolving Sustainably: A Longitudinal Study of

Corporate Sustainable Development [J]. Strategic Management Journal, 2005, 26: 197–218.

[10] Bansal, P. & Roth, K. Why Companies Go Green: A Model of Ecological Responsiveness [J]. Academy of Management Journal, 2000, 43 (4): 717–736.

[11] Bansal, P. & Clelland, I. Talking trash: Legitimacy, Impression Management and Unsystematic Risk in the Context of the Natural Environment [J]. Academy of Management Journal, 2004, 47 (1): 93–103.

[12] Baron, R.M. & Kenny, D.A. The Moderator-Mediator Variable Distinction in Social Psychological Research: Conceptual, Strategic, and Statistical Considerations[J]. Journal of Personality and Social Psychology, 1986, 51: 1173–1182.

[13] Baron, D.P. Competing for the Public through the News Media [J]. Journal of Economics and Management Strategy, 2005, 14: 339–376.

[14] Baron, D.P. Integrated Strategy: Market and Non-market Component [J]. California Management Review, 1995, 37: 47–65.

[15] Barney, J. B. Organizational Culture: Can It be a Source of Sustained Competitive Advantage [J]. Academy of Management Review, 1986, 11: 656–665.

[16] Barney, J. Firm Resources and Sustained Competitive Advantage [J]. Journal of Management, 1991, 17 (1): 99–120.

[17] Barkema, H.G., Vermeulen, F. International Expansion through Start-up or Acquisition: A Learning Perspective[J]. Academy Management Journal, 1998, 41: 7–26.

[18] Berman, S., Wicks, A. C., Kotha, S. & Jones, T. Does Stakeholder Orientation Matter: An Empirical Examination of the Relationship between Stakeholder Management Models and Firm Financial Performance [J]. Academy of Management Journal, 1999, 42 (5): 488–506.

[19] Berry, M. A. & Rondinelli, D. A. Proactive Corporate Environmental Management: A New Industrial Revolution[J]. Academy of Management Executive, 1998, 12 (2): 1–13.

[20] Berman, S.L., Wicks, A.C., Kotha, S. & Jones, T.M. Does Stakeholder Orientation Matter? The Relationship between Stakeholder Management Models and Firm Financial Performance [J]. Academy of Management Review, 1999, 42: 488–506.

[21] Blair, M.M. Ownership and Control: Rethinking Cororate Governanee for the Twenty-first Century [M]. Washington, D.C.: The Brooking Institution, 1995.

[22] Bowen, F. Environmental Visibility: A Trigger of Green Organizational Response? [J]. Business Strategy and the Environment, 2000, 9 (2): 92–107.

[23] Bowen, H. R. Social Responsibilities of the Businessman [M]. NewYork: Harpor & Row, 1953.

[24] Bowman, E. H. & Haire, M. A Strategic Posture toward Corporate Social Responsibility [J]. California Management Review, 1975, 18 (2): 49–58.

[25] Bourgeois, L. J. On the Measurement of Organizational Slack [J]. Academy of Management Review, 1981, 6 (1): 29–39.

[26] Boisot, M & Child, J. From Fiefs to Clans and Network Capitalism: Explaining China's Emerging Economic Order [J]. Administrative Science Quarterly, 1996, 41: 600–628.

[27] Brammer, S. & S. Pavelin. Factors Influencing the Quality of Corporate Environmental Disclosure [J]. Business Strategy and the Environment, 2008, 17, 120–136.

[28] Brammer S. & Pavelin S. Building a Good Reputation [J]. European Management Journal, 2003, 22 (6): 704–713.

[29] Brouthers, K.D., Brouthers, L.E. Acquisition or Greenfield Start-up? Institutional, Cultural and Transaction Cost Influences [J]. Strategic Management Journal, 2000, 21: 89–97.

[30] Burke, L. & J. M. Logsdon. How Corporate Social Responsibility Pays Off [J]. Long Range Planning, 1996, 29 (4): 495–502.

[31] Burke, L., J. M. Logsdon, W. Mitchell, M. Reiner & D. Vogel. Corporate Community Involvement in the San Francisco Bay Area [J]. California Management Review, 1986, 28 (3): 122–141.

[32] Burt, R.S. Corporate Profits and Cooperation [M]. New York: Academic Press, 1983.

[33] Bourdieu, P. Outline of a Theory of Practice [M]. Cambridge: Cambridge University Press, 1977.

[34] Campbell, J.L. Why Would Corporations Behave in Social Responsible Ways? An Institutional Theory of Corporate Social Responsibility [J]. Academy of Management Review, 2007, 32 (3): 946-967.

[35] Campbell, J.P. On the Nature of Organizational Effectiveness [A] // Paul S. Goodman and Johannes M. Penning. New Perspectives on Organizational Effectiveness [C]. San Francisco: Jossey-Bass, 1977: 13-55.

[36] Carroll, A.B. A Three-dimensional Conceptual Model of Corporate Performance [J]. Academy of Management Review, 1979, 4 (4): 497-505.

[37] Castanias, R. & Helfat, C. Managerial Resources and Rents [J]. Journal of Management, 1991, 17 (1), 155-172.

[38] Chan, C.M. & Makino, S. Legitimacy and Multi-level Institutional Environments: Implications for Foreign Subsidiary Ownership Structure [J]. Journal of International Business Studies, 2007, 38: 621-638.

[39] Chen, C.C. & Meindl, J.R. The Construction of Images in the Popular Press [J]. Administrative Science Quarterly, 1991, 36: 521-551.

[40] Chen-Fong Wu. The Relationship of Ethical Decision-Making to Business Ethics and Performance in Taiwan [J]. Journal of Business Ethics, 2002, 35 (3): 163-176.

[41] Chen, M.J., Smith, K.G. & Grimm, C.M. Action Characteristics as Predictors of Competitive Responses [J]. Management Science, 1992, 38: 439-455.

[42] Chen, M.J. & MacMillan, I.C. Nonresponse and Delayed Response to Competitive Moves: The Roles of Competitor Dependence and Action Irreversibility [J]. Academy of Management Journal, 1992, 35: 359-370.

[43] Chen, M.J. & Miller, D. Competitive Attack, Retaliation and

Performance: An Expectancy-valence Framework[J]. Strategic Management Journal, 1994, 15: 85-102.

[44] Cheng, J.L.C. & Kesner, I.F. Organizational Slack and Response to Environmental Shifts: The Impact of Resource Allocation Patterns[J]. Journal of Management, 1997, 23 (1): 1-18.

[45] Christmann, P. & Taylor, G. Globalization and the Environment: Determinants of Firm Self-regulation in China[J]. Journal of Business Studies, 2001, 32 (3): 439-458.

[46] Clarkson, M. A Stakeholder Framework for Analyzing and Evaluating Corporate Social Performance [J]. Academy of Management Journal, 1995, 20: 65-91.

[47] Coff, R.W. Human Assets and Managerial Dilemmas: Coping with Hazards on the Road to Resource-based Theory[J]. Academy of Management Review, 1997, 22: 374-402.

[48] Deephouse, D. Media Reputation as a Strategic Resource: an Integration of Mass Communication and Resource-based Theories [J]. Journal of Management Studies, 2000, 26: 1091-1112.

[49] Dowling, J. & Pfeffer, J. Organizational Legitimacy: Social Values and Organizational Behavior [J]. Pacific Sociological Review, 1975, 18: 122-136.

[50] Fombrun, C. & Shanley, M. What's in a Name? Reputation Building and Corporate Strategy[J]. Academy of Management Review, 1990, 33 (2): 233-258.

[51] Creyer, E. H. & Ross, W. T. The Influence of Firm Behavior on Purchase Intention: Do Consumers Really Care about Business Ethics? [J]. Journal of Consumer Marketing, 1997, 14: 421-432.

[52] Cowen, S. S., L. B. Ferreri & L. D. Parker. The Impact of Corporate Characteristics on Social Responsibility Disclosure: A Typology and Frequency-Based Analysis[J]. Accounting, Organizations and Society, 1987, 12 (2), 111-122.

[53] Cyert, R. M. & March, J.G. A Behavioral Theory of the Firm [M]. Upper Saddle River, NJ: Prentice Hall, 1963: 169.

[54] Dacin, M. T., Goodstein, J. & Scott, W. R. Institutional Theory

and Institutional Change: Introduction to the Special Research Forum[J]. Academy of Management Journal, 2002, 45 (1): 43–56.

[55] Davis, Keith & Blomstrom, Robert L. Business and Society: Environment and Responsibility (3rd ed.) [M]. New York: McGraw-Hill, 1975.

[56] De George, R. T. Business Ethics (5th ed.) [M]. Upper Saddle River, N.J.: Prentice Hall, 1999.

[57] Delios, A. & Henisz, W.J. Japanese Firms' Investment Strategies in Emerging Economies [J]. Academy of Management Journal, 2000, 43 (3): 305–323.

[58] Delmas, M.A. & Toffel, M.W. Organizational Responses to Environmental Demands: Opening the Black Box [J]. Strategic Management Journal, 2008, 29 (10): 1027–1055.

[59] Djankov, Simeon, Rafael La Porta, Florencio Lopez–de–Silanes & Andrei Shleifer. The Regulation of Entry[J]. Quarterly Journal of Economics, 2002, 117 (1): 1–37.

[60] Djankov, S. & P. Murrell. Enterprise Restructuring in Transition: A Quantitative Survey [J]. Journal of Economic Literature, 2002, 40 (3): 739–792.

[61] DiMaggio, Paul J. & Walter W. Powell. The Iron Cage Revisited: Institutional Isomorphism and Collective Rationality in Organizational Fields [J]. American Sociological Review, 1983, 48: 147–160.

[62] DiMaggio, P. & Powell, W. The New Institutionalism in Organizational Analysis [M]. Chicago: University of Chicago Press, 1991: 1–38.

[63] Donaldson, T. & Preston, L. E. The Stakeholder Theory of the Corporation: Concepts, Evidence, and Implications [J]. Academy of Management Review, 1995, 20 (1): 65–91.

[64] Donaldson & Dunfee. Toward a Unified Conception of Business Ethics: Integrative Social Contracts Theory [J]. Academy of Management Review, 1994, 19 (2): 252–284.

[65] Ellen, P., Mohr, L. & Webb, D. Charitable Programs and the Retailer: Do they Mix? [J]. Journal of Retailing, 2000, 76: 393–406.

[66] John Elkington. Cannibals with Forks [M]. Gabriola Island, British Columbia: New Society Publications, 1998.

[67] Evans, Peter B. Development as Institutional Change: The Pitfalls of Monocropping and the Potentials of Deliberation [J]. Studies in Comparative International Development, 2004, 38 (4): 30–52.

[68] Feldman, S.J., P.A. Soyka & P.G. Ameer. Does Improving a Firm's Environmental Management System and Environmental Performance Result in a Higher Stock Price[J]. The Journal of Investing, 1997, 6 (4): 87–97.

[69] Fiol, M. Managing Culture as a Competitive Resource: An Identity-based View of Sustainable Competitive Advantage[J]. Journal of Management, 1991, 17(1), 191–211.

[70] Franke, R.H., Hofstede, G. & Bond, M.H. Cultural Roots of Economic Performance[J]. Strategic Management Journal, Summer Special Issue, 1991, 12: 165–173.

[71] Franks, D. D. & Marolla, J. Efficacious Action and Social Approval as Interacting Dimensions of Self-esteem: A Tentative Formulation through Construct Validation[J]. Sociometry, 1976, 39 (4): 324–341.

[72] Freeman, R.E. Strategic Management: A Stakeholder Approach [M]. Boston, MA: Pitman, 1984.

[73] Freeman, R.E., Pierce, J. et al. Environmentalism and the New Logic of Business [M]. New York, Oxford University Press, 2000.

[74] Friedman, M. Capitalism and Freedom [M]. Chicago: University of Chicago Press, 1962.

[75] Friedman, M. The Social Responsibility of Business is to Increase its Profits [J]. New York Times Magazine, 1970, 9: 32–33, 122, 124, 126.

[76] Galaskiewicz, J. Social Organization of an Urban Grants Economy: A study of Business Philanthropy and Nonprofit Organizations [M]. Orlando, FL: Academic Press, 1985.

[77] Gao, Yongqiang. Corporate Social Performance in China: Evidence from Large Companies [J]. Journal of Business Ethics,

2009, 89: 23-35.

[78] Garriga, E. & Mele', D. Corporate Social Responsibility Theories: Mapping the Territory[J]. Journal of Business Ethics, 2004, 53: 51-71.

[79] Gephart, R. P. Multiple Methods for Tracking Corporate Social Performance: Insights from a Study of Major Industrial Accidents [A]//J. E. Post. Research in Corporate Social Performance and Policy [C]. 1991, 12: 359-385.

[80] Goodpaster, K.E. Business Ethics and Stakeholder Analysis[J]. Business Ethics Quarterly, 1991, 1 (1): 53-74.

[81] Graves, S. & Waddock, S. Institutional Ownership and Control: Implications for Long-term Corporate Performance [J]. Academy of Management Executive, 1990, 4 (1): 75-83.

[82] Graves, S. & Waddock, S. Institutional Owners and Corporate Social Performance [J]. Academy of Management Journal, 1994, 37 (4): 1034-1046.

[83] Griffin, J.J. & Mahon, J.F. The Corporate Social Performance and Corporate Financial Performance Debate: 25 Years of Incomparable Research[J]. Business and Society, 1997, 36 (1): 5-31.

[84] Greening, D.W. & Turban, D.B. Corporate Social Performance as a Competitive Advantage in Attracting a Quality Workforce[J]. Business and Society, 2000, 39 (3): 254-280.

[85] Griffin, Jennifer J. & Mahon, John F. The Corporate Social Performance and Corporate Financial Performance Debate: Twenty-Five Years of Incomparable Research[J]. Business and Society, 1997, 36 (1): 5-31.

[86] Gunnes, R.C. Social Responsibility: The Art of the Possible [J]. Business and Society Review, Winter 1974.

[87] Gular, I., Guillen, M. & MacPherson, J. Global Competition, Institutions, and the Diffusion of Organizational Practices: The International Spread of ISO9000 Quality Certificates [J]. Administrative Science Quarterly, 2002, 47 (2): 207-232.

[88] Hackston, D. & M. J. Milne. Some Determinants of Social and Environmental Disclosures in New Zealand Companies [J]. Accounting,

Auditing and Accountability Journal, 1996, 9 (1), 77-108.

[89] Hannan, Michael T. & John Freeman. Structural Inertia and Organizational Change [J]. American Sociological Review, 1984, 49: 149-164.

[90] Hannan, Michael T. & John Freeman. Organizational Ecology [M]. Cambridge, MA: Harvard University Press, 1989.

[91] Harzing, A.W. Acquisitions Versus Greenfield Investments: International Strategy and Management of Entry Modes [J]. Strategic Management Journal, 2002, 23: 211-227.

[92] Hellsten, S. & Mallin, C. Are "Ethical" or "Socially Responsible" Investments Socially Resonsible? [J]. Journal of Business Ethics, 2006, 66: 393-406.

[93] Henriques, I. & Sadorsky, P. The Role of Information in Coordinating Environmental Issues [J]. In Academy of Management Best Paper Proceedings, Cincinnati, OH: 1996, 1-30.

[94] Henriques, I. & Sadorsky, P. The Relationship between Environmental and Managerial Perceptions of Stakeholder Importance [J]. Academy of Management Journal, 1999, 42 (1): 87-99.

[95] Hess, D., N. Rogovsky et al. The Next Wave of Corporate Community Involvement: Corporate Social Initiatives [J]. California Management Review, 2002, 44 (2): 110-125.

[96] Hess, D. & Warren, D. E. The Meaning and Meaningfulness of Corporate Social Initiatives [J]. Business and Society Review, 2008, 113 (2): 163-197.

[97] Hoffman, A. J. Institutional Evolution and Change: Environmentalism and the U.S. Chemical Industry [J]. Academy of Management Journal, 1999, 42(4): 351-371.

[98] Hoffman, A.J. Linking Organizational and Field-Level Analyses: The Diffusion of Corporate Environmental Practice [J]. Organization and Environment, 2001, 14 (2): 133-156.

[99] Harrison J. & Freeman R. Stakeholders, Social Responsibility, and Performance: Empirical Evidence and Theoretical Perspectives [J]. Academy of Management Journal, 1999, 42 (5): 479-485.

[100] Haley, C.V. Corporate Contributions as Managerial Masques: Reframing Corporate Contributions as Strategies to Influence Society [J]. Journal of Management Study, 1991, 28 (5): 485-509.

[101] Harrison, J. & Fiet, J. O. New CEOs Pursue Their Own Self-interests by Sacrificing Stakeholder Values [J]. Journal of Business Ethics, 1999, 19: 301-308.

[102] Hawken, P., Lovins, A. & Lovins, L. H. Natural Capitalism [M]. Boston, MA, Little, Brown and Company, 1999.

[103] Hennart, J. F., Reddy, S. The Choice between Mergers/Acquisitions and Joint Ventures: the Case of Japanese Investors in the United States [J]. Strategic Management Journal, 1997, 18: 1-12.

[104] Himmelstein, J. L. Looking Good and Doing Good: Corporate Philanthropy and Corporate Power [M]. Bloomington and Indianapolis, IN: Indiana University Press, 1997.

[105] Hirsch, P. Sociology without Social Structure: Neoinstitutional Theory Meets Brave New World [J]. American Journal of Sociology, 1997, 102: 1702-1723.

[106] Hoffman, A. J. Competitive Environmental strategy: A Guide to the Changing Business Landscape [M]. Washington, D.C.: Island Press, 2000.

[107] Hoffman, W. M., R. E. Frederick & M. S. Schwartz. Business Ethics: Readings and Cases in Corporate Morality (4th ed.) [M]. New York: McGraw-Hill, 2001.

[108] Hofstede, Geert. Cultures and Organizations: Software of the Mind [M]. New York: McGraw-Hill, 1991.

[109] Husted, B. W. & D. B. Allen. Strategic Corporate Social Responsibility and Value Creation among Large Firms [J]. Long Range Planning, 2007, 40: 594-610.

[110] Igalens, J. & J.P. Gond. Measuring Corporate Social Performance in Franee: A Critical and Empirical Analysis of ARESE Data [J]. Journal of Business Ethics, 2005, 56 (1): 131-148.

[111] Ingram, P. & Silverman, B. "Introduction" [A]// P. Ingram and B. Silverman. The New Institutionalism in Strategic Management [C].

Amsterdam: JAI/Elsevier, 2002: 1-30.

[112] Jones, M.T. Instrumental Stakeholder Theory: A Synthesis of Ethics and Economics[J]. Academy of Management Review, 1995, 20 (2): 404-437.

[113] Jones, M.T. The Institutional Determinants of Social Responsibility [J]. Journal of Business Ethics, 1999, 20 (2): 163-179.

[114] Joseph, E. Corporate Social Responsibility: Delivering the New Agenda [J]. New Economy, 2001, 8 (2): 121-123.

[115] Kassinis, G. & Vafeas, N. Stakeholder Pressures and Environmental Performance[J]. Academy of Management Journal, 2006, 49 (1): 145-159.

[116] Kagan, R.A., Bunningham, N. & Thornton, D. Explaining Corporate Environmental Performance: How does Regulation Matter? [J]. Law and Society Review, 2003, 37 (1): 51-90.

[117] Kenny, D.A., Kashy, D.A. & Bolger, N. Data Analysis in Social Psychology [A]//D.T. Gilbert and S.T. Fiske. The Handbook of Social Psychology [C]. Boston, MA: McGraw-Hill, 1998: 233-265.

[118] Keim, G. Business and public policy[A]//M. Hitt, R.E. Freeman & J. Harrison. The Blackwell Handbook of Strategic Management [C]. Oxford: Blackwell, 2001: 583-601.

[119] Khanna, T. & Palepu, K. Why Focused Strategies may be Wrong for Emerging Markets[J]. Harvard Business Review, 1997, 75 (4): 41-51.

[120] Khanna, T. & Palepu, K. The Future of Business Groups in Emerging Economies: Long-run Evidence from Chile [J]. Academy of Management Journal, 2000, 43: 268-285.

[121] Khanna, T. & Rivkin, J.W. Estimating the Performance Effects of Business Groups in Emerging Markets [J]. Strategic Management Journal, 2001, 22: 45-74.

[122] Knack, S., Keefer, P. Does Social Capital have an Economic Payoff? A Cross-country Investigation [J]. Quarterly Journal of Economics, 1997, 112 (4): 1251-1288.

[123] Koene Bas, A.S., Vogelaar Ad, L.W. & Soeters, J.

L. Leadership Effects on Organizational Climate and Financial Performance: Local Leadership Effect in Chain Organization [J]. The Leadership Quarterly, 2002, 13: 193–215.

[124] Kostova, T. & Zaheer, S. Organizational Legitimacy under Conditions of Complexity: the Case of the Multinational Enterprise [J]. Academy of Management Review, 1999, 24 (1): 64–81.

[125] Kuilman, J. & Li, J. T. Grades of Membership and Legitimacy Spillovers: Foreign Banks in Shanghai [J]. Academy of Management Journal, 2009, 52 (2): 229–245.

[126] Kuk, G., Fokeer, S. & Hung, W. T. Strategic Formulation and Comminication of Corporate Environmental Policy Statements: UK Firms' Perspective[J]. Journal of Business Ethics, 2005, 58 (4): 375–385.

[127] La Porta, R., Loez-De-Silanes, F. & Shleifer, A. Government Ownership of Banks[J]. The Journal of Finance, 2002, 1: 265–301.

[128] La Porta R., Lopez–de–Silanes, F., Shleifer, A, Vishny, R.W. Trust in Large Organizations [J]. American Economic Review, 1997, 87 (2): 333–338.

[129] Lampe, M., Ellis, S. R. & Drummond, C. K. What Companies are Doing to Meet Environmental Protection Responsibilities: Balancing Legal, Ethical, and Profit Concerns [C]. Proceedings of the International Association for Business and Society, 1991, 527–537.

[130] Lee, S.H., Peng, M. W. & Barney, J. Bankruptcy Law and Entrepreneurship Development: A Real Options Perspective[J]. Academy pf Management Review, 2007, 32: 257–272.

[131] Lee, P.M. and James, E.H. She'–e–os: Gender Effects and Investor Reactions to the Announcements of Top Executive Appointments [J]. Strategic Management Journal, 2007, 28, 227–241.

[132] Lewis, A. & C. Mackenzie. Support for Investor Activism among UK Ethical Investor[J]. Journal of Business Ethics, 2000, 24 (3): 215–222.

[133] Lewis, W. Arthur. The Principles of Economic Planning [M]. London: George Allen & Unwin, Ltd., 1950.

[134] Levinthal, D.A. & March, J.G. A Model of Adaptive Organizational Search [J]. Journal of Economic Behaviour and Organisation, 1981, 2 (4): 307-333.

[135] Li, J. T., Yang, J.Y. & Yue, D. R. Identify Community, and Audience: How Wholly Owned Foreign Subsidiaries Gain Legitimacy in China [J]. Academy of Management Journal, 2007, 50 (1): 175-190.

[136] Luoma, P. & Goodstein, J. Stakeholders and Corporate Boards: Institutional Inflluences on Board Composition and Structure [J]. Academy of Management Journal, 1999, 42 (5): 553-563.

[137] Makino, S., Isobe, T. & Chan, C.M. Does Country Matter? [J]. Strategic Management Journal, 2004, 25: 1027-1043.

[138] Mani, A. & Mullin, C. H. Choosing the Right Pond: Social Approval and Occupational Choice [J]. Journal of Labor Economics, 2004, 22 (4): 835-861.

[139] Marcel Jeucken. Sustainable Finance and Banking: the Financial Sector and the Future of the Planet [M]. London: Earthscan Publications Ltd, 2001.

[140] Maddox, K. E. & Siegfrild, J. J. The Effect of Economic Structure on Corporate Philanthropy. The Economics of Firm Size, Market Structure and Social Performance [Z]. Washington, D.C.: Federal Trade Commission, 1980.

[141] Margolis, Joshua D. & James P. Walsh. Misery Loves Companies: Rethinking Social Iniatives by Business [J]. Administrative Science Quarterly, 2003, 48: 268-305.

[142] Marquis, C., M.A. Glynn & G. F. Davis. Community Isomorphism and Corporate Social Action [J]. Academy of Management Review, 2007, 32 (3): 925-945.

[143] McGuire, Joseph W. Business and Society [M]. New York: McGraw-Hill, 1963.

[144] McGuire, J. B., T. Schneeweiss & A. Sundgren. Corporate Social Responsibility and Firm Financial Performance [J]. Academy of Management Journal, 1988, 31 (4): 854-872.

[145] McGuire, J. B., T. Schneeweiss & B. Branch. Perceptions of

Firm Quality: A Cause or Result of Firm Performance [J]. Journal of Management, 1990, 16 (1): 167–180.

[146] McWilliams A., Siegel D. Corporate Social Responsibility: A Theory of the Firm Perspective [J]. Academy of Management Review, 2001, 26 (1): 117–127.

[147] Mendel, Peter J. International Standardization and Global Governance: The Spread of Quality and Environment Management Standards [A]//Andrew J. Hoffman & Marc J. Ventresca. Organizations, Policy, and the Natural Environment: Institutional and Strategic Perspectives [C]. Stanford, CA: Stanford University Press, 2002: 407.

[148] Meyer, John W. & Rowan, Brian. Institutionalized Organizations: Formal Structure as Myth and Ceremony[J]. American Journal of Sociology, 1977, 83 (2): 340–363.

[149] Meyer, John W. & Scott, W. R. Organizational Environments: Ritual and Rationality [M]. Beverly Hills, CA: Sage, 1983.

[150] Meyer, John W., Scott, W. R. & Deal, T. E. Institutional and Technical Sources of Organizational Structure [A]// H. D. Stein. Organization and Human Services [C]. Philadelphia: Temple University Press, 1981, 1: 51–78.

[151] Mitchell, R.K., Agle, B.R. & Wood, D.J. Toward a Theory of Stakeholder Identification and Salience: Defining the Principle of Who and What really Counts[J]. Academy of Management Review, 1997, 22 (4): 853–886.

[152] Miles, M. & Huberman, M. Qualitative Data [M]. Thousand Oaks: Sage Publications, 1994.

[153] Miller, J. & D. Guthrie. The Rise of Corporate Social Responsibility: Institutional Response to Labor, Legal and Shareholder Environments [EB/OL]. http: //guthrie –associates.com/publications/csr/Guthrie–CSR–as–an–Institutional–Response.pdf, 2007.

[154] Mirvis, P. & Googins, B. G. Stages of Corporate Citizenship [J]. California Management Review, 2006, 48 (2): 104–126.

[155] Myrdal, Gunnar. Asian Drama [M]. New York: Pantheon, 1968.

[156] Nechyba, T.J. Social Approval, Values, and AFDC: A Reexamination of the Illegitimacy Debate[J]. Journal of Political Economy, 2001, 109 (3): 637-672.

[157] Nattrass, B. & Altomare, M. The Natural Step for Business: Wealth, Ecology and the Evolutionary Corporation [M]. Gabriola Island: New Society Publishers, 1999.

[158] Navarro, P. Why do Corporations Give to Charity? [J]. Journal of Business, 1988, 61 (1): 65-93.

[159] North, D. C. Institutions, Institutional Change and Economic Performance [M]. Cambridge: Cambridge University Press, 1990.

[160] Ogden, S. & Watson, R. Corporate Performance and Stakeholder Management: Balancing Shareholder and Customer Interests in the U.K. Privatized Water Industry [J]. Academy of Management Journal, 1999, 42 (5): 526-538.

[161] Oliver, C. Strategic Responses to Institutional Processes[J]. Academy of Management Review, 1991, 16 (1): 145-179.

[162] Oliver, C. Sustainable Competitive Advantage: Combining Institutional and Resource-based Views[J]. Strategic Management Journal, 1997, 18 (9): 697-713.

[163] Orlitzky, M., Schmidt, F. L. & Rynes, S. L. Corporate Social and Financial Performance: A Meta-analysis [J]. Organization Studies, 2003, 24 (3): 403-441.

[164] Peng, M.W. & Heath, P. The Growth of the Firm in Planned Economies in Transition: Institutions, Organizations, and Strategic Choice [J]. Academy of Management Review, 1996, 21: 492-528.

[165] Peng, M.W. Toward an Institution-based View of Business Strategy [J]. Asia Pacific Journal of Management, 2002, 19: 251-267.

[166] Peng, M.W. Institutional Transitions and Strategic Choices[J]. Academy of Management Review, 2003, 28: 275-296.

[167] Peng, M.W. Global Strategy[M]. Cincinnati: Thomson South-Western, 2006.

[168] Peng, M.W. Perspectives from China Strategy to Global Strategy [J]. Asia Pacific Journal of Management, 2005, 22: 123-142.

[169] Phillips, R. & Reichart, J. The Environment as a Stakeholder: A Fairness-based Approach[J]. Journal of Business Ethics, 1998, 23 (2): 185-197.

[170] Porter, M.E & Competitive Strategy [M]. New York: Free Press, 1980.

[171] Porter, M.E. & M.R. Kramer. The Competitive Advantage of Corporate Philanthropy[J]. Harvard Business Review, 2002, 12: 5-16.

[172] Porter, M.E. & M.R. Kramer. The Link between Competitive Advantage and Corporate Social Responsibility[J]. Harvard Business Review, 2006, 84 (12): 1-13.

[173] Porter, M. E. & C.Van Der Linde. Green and Competitive: Ending the Stalemate [J]. Harvard Business Review, 1995, 73 (5): 120-134.

[174] Porter, M. E. Corporate Philanthropy: Taking the High Ground [EB/OL]. http://earthmind.net/ngo/docs/philanthropy-high-ground.pdf, 2007.

[175] Prahalad, C. K. & G. Hamel. Strategy as a Field of Study: Why Search for a New Paradigm? [J]. Strategic Management Journal, Summer Special Issue, 1994, 15: 5-16.

[176] Preston, L. E. & D. P. O'Bannon. The Corporate Social-Financial Performance Relationship: A Typology and Analysis[J]. Business and Society, 1997, 36 (4): 419-429.

[177] Pirsch, J., S. Gupta & S. Landreth-Grau. A Framework for Understanding Corporate Social Responsibility Programs as a Continuum: An Exploratory Study[J]. Journal of Business Ethics, 2007, 70 (2): 125-140.

[178] Ruef, M. & Scott, W. R. A Multidimensional Model of Organizational Legitimacy: Hospital Survival in Changing Institutional Environments [J]. Administrative Science Quarterly, 1998, 43 (4): 877-904.

[179] Ruf et al. An Empirical Investigation of the Relationship between Change in Corporate Social Performance and Performance: A Stakeholder Theory Perspective[J]. Journal of Business Ethics, 2001, 32 (2): 143-

156.

[180] Repetto, R. & Austin, D. Pure Profit: the Financial Implication of Environmental Performance [M]. Washington, D.C.: World Resource Insititute, 2000.

[181] Reverte, C. Determinants of Corporate Social Responsibility Disclosure Ratings by Spanish listed Firms[J]. Journal of Business Ethics, 2009, 88: 351-366.

[182] Roland, G. Understanding Institutional Change: Fast-moving and Slow-moving Institutions [J]. Studies in Comparative International Development, 2004, 38 (4): 109-131.

[183] Roberts, R. W. Determinants of Corporate Social Responsibility Disclosure: An Application of Stakeholder Theory [J]. Accounting, Organizations and Society, 1992, 17 (6): 595-612.

[184] Roman, Ronald M., Hayibor, Sefa & Agle, Bradley R. The Relationship Between Social and Financial Performance: Repainting a Portrait [J]. Business and Society, 1999, 38 (1): 109-123.

[185] Rondinelli, D. & London, T. How Corporations and Environment Group Cooperate[J]. Academy of Management Executive, 2003, 17 (1): 61-76.

[186] Schwartz, M. S. & Carroll, A. B. Corporate Social Responsibility: A Three-Domain Approach[J]. Business Ethics Quarterly, 2003, 13 (4): 503-530.

[187] Scholtens, B. Corporate Social Responsibility in the International Banking Industry [J]. Journal of Business Ethics, 2009, 86: 159-175.

[188] Scott, W. Richard. Organizations: Rational, Natural and Open Systems (2nd ed.) [M]. Englewood Cliffs, NJ: Prentice Hall, 1987.

[189] Scott, W. Richard. Institutions and Organizations[M]. London: Sage, 1995.

[190] Scott, W. Richard. Institutions and Organizations (2nd ed.) [M]. Thousand Oaks, CA: Sage, 2001.

[191] Scott, W. Richard. & Christensen, S. The Institutional Construction of Organizations: International and Longitudinal Studies [M]. Thousand Oaks, CA: Sage, 1995: 310.

[192] Scott, W. Richard. Unpacking Institutional Arguments [A]// W. Powell & P. DiMaggio. The New Institutionalism in Organizational Analysis [C]. Chicago: University of Chicago Press, 1991: 164–182.

[193] Scott, W. Richard. Organizations: Rational, Natural and Open Systems (5th ed.) [M]. Upper Saddle River, NJ: Prentice–Hall, 2003.

[194] Scott, W. Richard & Meyer, J.W. The Organization of Societal Sectors. In Organizational Environments: Ritual and Rationality [M]. Beverly Hills, CA: Sage, 1983: 129–153.

[195] Philip Selznick. TVA and the Grass Roots [M]. Berkeley: University of California Press, 1949.

[196] Sharfman, M. P., Shaft, T. M. & Tihanyi, L. A Model of the Global and Institutional Antecedents of High–Level Corporate Environmental Performance [J]. Business and Society, 2004, 43 (1): 6–36.

[197] Shimizu, K., Hitt, M. A., Vaidyanath, D. & Pisano, V. Theoretical Foundations of Cross –border Mergers and Acquisitions: A Review of Current Research and Recommendations for the Future [J]. Journal of International Management, 2004, 10: 307–353.

[198] Shleifer, Andrei & Robert Vishny. Politicians and Firms [J]. Quarterly Journal of Economics. 1994, 109 (4): 995–1025.

[199] Shrivastava, P. The Role of Corporations in Achieving Ecological Sustainability [J]. Academy of Management Review, 1995, 20 (4): 939–960.

[200] Siegel, D.S. & Vitaliano, D.F. An Empirical Analysis of the Strategic Use of Corporate Social Responsibility [J]. Journal of Economics and Management Strategy, 2007, 16: 773–792.

[201] Siegfried, J. J., Mcelroy, K. M.& Biernot–Fawkes, D. The Management of Corporate Contributions [A]//Preston, L. E. Research in Corporate Social Performance and Policy, .Vol. 5 [C]. Greenwich, Conn: JAI Press, 1983: 87–102.

[202] Silverman, D. The Theory of Organizations: A Sociological Framework [M]. New York: Basic Books, 1971.

[203] Simon, F.L. Marketing Green Products in the Triad [J]. Columbia Journal of World Business, 1992, 27 (3, 4): 268–285.

[204] Simpson, G.W. & Kohers, T. The Link between Corporate Social and Financial Performance: Evidence from the Banking Industry[J]. Journal of Business Ethics, 2002, 35 (2): 97-110.

[205] Simpson, W.G. & Kohers, T. The Link between Corporate Social and Financial Performance: Evidence from the Banking Industry[J]. Journal of Business Ethics, 2002, 35 (2): 97-109.

[206] Singh, J. V., Tucker, D. J. & House, R.J. Organizational Legitimacy and the Liability of Newness [J]. Administrative Science Quarterly, 1986, 31 (2): 171-193.

[207] Rutherford Smith. Social Responsibility: A Term We Can Do Without [J]. Business and Society, 1974 spring: 31-36.

[208] Stanwick, P. A. & S. D. Stanwick. The Relationship between Corporate Social Performance and Organizational Size, Financial Performance, and Environmental Performance: An Empirical Examination [J]. Journal of Business Ethics, 1998, 17 (2): 195-204.

[209] Steiner, G. Business and Society [M]. New York: Random House, 1975.

[210] Stinchcombe, A. L. Social Structure and Organizations [A]// J. G. March. Handbook of Organizations [C]. Chicago: Rand Mcnally, 1965: 142-193.

[211] Stinchcombe, A. L. Constructing Social Theories [M]. New York: Harcourt, Brace & World, 1968.

[212] Suchman, M.C. Managing Legitimacy: Strategic and Institutional Approaches [J]. Academy of Management Review, 1995, 20(3): 571-610.

[213] Tolbert, Pamela S. & Lynne G. Zucker. Institutional Sources of Change in the Formal Structure of Organization: The Diffusion of Civil Service Reform[J]. Administrative Science Quarterly, 1983, 28: 22-39.

[214] Tornikoski, E.T. & Newbert, S. L. Exploring the Determinants of Organizational Emergemce: A Legitimacy Perspective[J]. Journal of Business Venturing, 2007, 22: 311-335.

[215] Tolbert, Pamela S. & Lynne, G. Zucker. The Institutionalization of Institutional Theory [A]//Stewart R. Clegg, Cynthia Hardy & Walter R.

Nord. Handbook of Organization Studies [C]. London: Sage, 1996: 175–190.

[216] Trueman, B. Managerial Disclosures and Shareholder Ltigation [J]. Review of Accounting Studies, 1997, 2 (2): 181–199.

[217] Turban, D. B. & Greening, D. W. Corporate Social Performance and Organizational Attractiveness to Prospective Employees [J]. Academy of Management Journal, 1997, 40 (3): 658–672.

[218] Twenge, J.M. & Charles Im. Changes in the Needs for Social Approval, 1958~2001[J]. Journal of Research in Personality, 2007, 41: 171–189.

[219] Ullmann, A. A. Data in Search of a Theory: A Critical Examination of the Relationships among Social Performance, Social Disclosure, and Economic Performance of U.S. Firms [J]. Academy of Management Review, 1985, 10 (3), 540–557.

[220] UNEP FI. The UNEP Statement of Commitment by Financial Institutions on Sustainable Development [EB/OL]. http://www.unepfi.org/statements/index.html.

[221] Verrecchia, R.E. Discretionary Disclosure [J]. Journal of Accounting and Economics, 1983, 5: 179–194.

[222] Waddock, S.A., Bodwell, C. & Graves, S.B. Responsibility: The New Business Imperative[J]. The Academy of Management Executive, 2002, 16 (2): 132–148.

[223] Waddock, S. A. & Graves, S. B. The Corporate Social Performance –Financial Performance Link [J]. Strategic Management Journal, 1997, 18 (4): 303–319.

[224] Waldman, D.A., Ramirez, G.G., House, R.J. & Puranam, P. Does Leadership Matter? CEO Leadership Attributes and Profitability under Conditions of Perceived Environmental Uncertainty [J]. Academy of Management Journal, 2001, 44 (1): 134–143.

[225] Wartick, S.L. & Cochran, P.L. The Evolution of the Corporate Social Performance Model [J]. Academy of Management Review, 1985, 10 (4): 758–769.

[226] WCED. Our Common Future [M]. Oxford: Oxford University

Press, 1987.

[227] Weaver, G. R., Trevino, L.K. et al. Integrated and Decoupled Corporate Social Performance: Management Commitments, External Pressures, and Corporate Ethics Practice [J]. Academy of Management Journal, 1999, 42 (5): 539–552.

[228] Weber, M. Max Weber: Essays in Sociology [M]. Translated and edited by Hans H. Gerth and C. Wright Mills. Oxford: Oxford university Press, 1946.

[229] Weber, M. Economy and Society: An Interpretive Sociology, 3Vols [M]. New York: Bedminister Press, 1968.

[230] Wernerfelt, B. A Resource-based View of the Firm[J]. Strategic Management Journal, 1980, 5: 171–180.

[231] Wernerfelt, B. A Resource Based View of the Firm[J]. Strategic Management Journal, 1984, 5: 171–180.

[232] Williamson, O.E. Transaction Cost Economics and Organization Theory. In The handbook of Economic Sociology [M]. Princeton, NJ: Princeton University Press and Russell Sage Foundation, 1994: 77–107.

[233] Wilson, B.D. The Propensity of Multinational Companies to Expand through Acquisitions[J]. Journal of International Business Studies, 1980, 11: 59–64.

[234] Wood, D. J. Corporate Social Performance Revisited[J]. Academy of Management Review, 1991a, 16 (4): 691–718.

[235] Wood, D. J. Social Issues in Management: Theory and Research in Corporate Social Performance[J]. Journal of Management, 1991b, 17 (2): 383–406.

[236] Yiu, D. & Makino, S. The Choice between Joint Venture and Wholly Owned Subsidiary: An Institutional Perspective [J]. Organization Science, 2002, 13 (6): 667–683.

[237] Zadek, Simon. The Path to Corporate Responsibility [J]. Harvard Business Review, 2004, 82 (12): 125–132.

[238] Zucker, Lynne G. The Role of Institutionalization in Cultural Persistence [J]. American Sociological Review, 1977, 42: 726–743.

[239] Zucker, Lynne G. Organizations as Institutions. In Research in

the Sociology of Organization [M]. Greenwich, Corm: JAI Press, 1983: 1-42.

[240] Zucker, Lynne G. Institutional Theories of Organizations[J]. Annual Review of Sociology, 1987, 13: 443-464.

[241] Zucker, Lynne G. Where do Institutional Patterns Come From? Organizations as Actors in Social Systems [A]//Lynne G. Zucker. Institutional Patterns and Organizations: Culture and Environment [C]. Cambridge, MA: Ballinger, 1988: 23-49.

[242] Zyglidopoulos, S. C. et al. The Evolution of Corporate Social Performance and the Role of Media Visibility [J]. Academy of Management Proceeding, 2009.

[243] 爱德华·弗里曼. 战略管理——利益相关者方法 [M]. 王彦华等译. 上海：上海译文出版社，2006.

[244] 安德鲁斯·K.P.，孟光裕译. 可以使优秀的公司有道德吗？[M]. 北京：中国社会科学出版社，1995.

[245] 陈雨露. 后危机时期货币金融稳定的新框架 [J]. 中国金融，2009，16：19-21.

[246] 陈宏辉，贾生华. 企业社会责任观的演进与发展：基于综合性社会契约的理解 [J]. 中国工业经济，2003，12：85-92.

[247] 戴瑞红. 初探我国企业社会责任——基于中美企业社会责任报告之比较[J]. 商场现代化，2007，3：381-382.

[248] 弗里曼. 利益相关者理论的开发：一条特殊的路 [A] // 肯·史密斯，迈克尔·希特. 管理学中的伟大思想：经典理论的开发历程 [C]. 徐飞，路琳译. 北京：北京大学出版社，2010：335-350.

[249] 甘培忠. 公司社会责任的制度起源与人文精神解构 [J]. 北京大学学报（哲学社会科学版），2010，47（2）：119-125.

[250] 龚汝富. 中国古代商人的善德观与慈善事业 [J]. 江西财经大学学报，2001，4：42-45.

[251] 何德旭，张雪兰. 对我国商业银行推行绿色信贷若干问题的思考 [J]. 上海金融，2007，12：4-9.

[252] 哈耶克. 致命的自负 [M]. 冯克利，胡晋华译. 北京：中国社会科学出版社，2000：132-133.

[253] 贺远琼，田志龙，陈昀. 企业社会绩效与经济绩效的互动关

系研究[J].软科学,2007,21(1):1-4.

[254] 李杨,全先银.危机背景下的全球金融监管改革:分析评价及对中国的启示[J].中国金融,2009,17:14-16.

[255] 李扬,王国刚,刘煜辉.2008~2009年度中国地区金融生态环境评价[J].中国金融,2009,16:15-18.

[256] 理查德·斯科特,杰拉尔德·F.戴维斯.组织理论:理性、自然与开放系统的视角[M].高俊山译.北京:中国人民大学出版社,2011.

[257] 刘刚,黄苏萍.企业社会责任、关系资本与竞争优势——基于丰田"召回门"事件的分析与思考[J].财贸经济,2010,6:121-126.

[258] 李正.企业社会责任与企业价值的相关性研究——来自沪市上市公司的经验证据[J].中国工业经济,2006,2:77-83.

[259] 李淑英.社会契约论视野中的企业社会责任[J].中国人民大学学报,2007,2:51-57.

[260] 李庆华,胡建政.企业社会责任与企业竞争优势的关系研究——来自沪深两市上市公司的经验证据[J].科学学与科学技术管理,2011,32(8):139-148.

[261] 李涛.商业银行监管的国际比较:模式及影响——兼论中国的商业银行监管模式选择[J].经济研究,2003,12:43-51.

[262] 卢代富.国外企业社会责任界说述评[J].现代法学,2001,23(3):137-144.

[263] 卢代富.企业社会责任的经济学与法学分析[M].北京:法律出版社,2002.

[264] 罗殿军,李季.发达国家对企业履行社会责任的影响因素分析[J].上海经济研究,2007,8:100-104.

[265] 刘波,郭文娜.社会责任投资:观念的演化及界定[J].软科学,2009,23(12):45-49.

[266] 李立清.企业社会责任评价理论与实证研究:以湖南省为例[J].南方经济,2006,1:105-118.

[267] 罗胜强,姜嬿.调节变量和中介变量[A]//陈晓萍,徐淑英,樊影立.组织与管理研究的实证方法[C].北京:北京大学出版社,2008:312-331.

[268] 马克思恩格斯全集（第4卷）. 北京：人民出版社，1995.

[269] 马克思恩格斯全集（第2卷）. 北京：人民出版社，1995.

[270] 马萍，姜海峰. 绿色信贷与社会责任 [J]. 当代经济管理，2009，31(6)：70-73.

[271] 彭泗清等. 企业家对企业社会责任的认识与评价——2007年中国企业经营者成长与发展专题调查报告 [J]. 管理世界，2007，6：75-85.

[272] 彭维刚. 全球企业战略 [M]. 孙卫，刘新海等译. 北京：人民邮电出版社，2007：500-505.

[273] 乔治·斯蒂纳，约翰·斯蒂纳. 企业、政府与社会 [M]. 张志强译. 北京：华夏出版社，2002.

[274] 乔海曙，谭明. 金融企业社会责任与财务绩效关系的实证研究 [J]. 财经理论与实践，2009，30(11)：17-21.

[275] 苏冬蔚，贺星星. 社会责任与企业效率：基于新制度经济学的理论与经验分析 [J]. 世界经济，2011，9：138-159.

[276] 斯蒂芬·P.罗宾斯. 管理学 [M]. 孙健敏等译. 北京：中国人民大学出版社，2004：115-116.

[277] 斯科特·W.查德. 制度与组织——思想观念与物质利益 [M]. 姚伟，王黎芳译. 北京：中国人民大学出版社，2008.

[278] 石军伟，胡立君，付海艳. 企业社员责任、社会资本与组织竞争优势：一个战略互动视角 [J]. 中国工业经济，2009，11：87-98.

[279] 邵志芳，温婷婷. 社会认可：其特征和功能 [J]. 心理科学，2010，33(5)：1208-1211.

[280] 托马斯·唐纳森，托马斯·邓菲著. 有约束力的关系：对企业伦理学的一种社会契约论的研究 [J]. 赵月瑟译. 上海：上海科学院出版社，2001.

[281] 温素彬，方苑. 企业社会责任与财务绩效关系的实证研究 [J]. 中国工业经济，2008，10：150-160.

[282] 王怀明，宋涛. 我国上市公司社会责任与企业绩效的实证研究——来自上证180指数的经验证据 [J]. 南京师大学报（社会科学版），2007，2：58-62.

[283] 王利平. 中国人的管理世界：中国式管理的传统与现实 [M]. 北京：中国人民大学出版社，2010.

[284] 王松奇.中国商业银行竞争力报告（2010）[R].北京：社会科学文献出版社，2011：53-54，141-145.

[285] 徐二明，左娟.合法性对电信运营企业可持续发展战略及绩效的影响研究[J].中国工业经济，2010，10：44-54.

[286] 徐二明，郑平.国际化经营中的企业社会责任[J].软科学，2006，20（4）：53-57.

[287] 徐莉萍，辛宇，祝继高.媒体关注与上市公司社会责任之履行——基于汶川地震捐款的实证研究[J].管理世界，2011，3：135-143.

[288] 易开刚.民营企业承担社会责任的理论与实证研究——以浙江民营企业为例[M].北京：中国社会科学出版社，2011.

[289] 杨熠，沈洪涛.我国公司社会责任与财务业绩关系的实证研究[J].暨南学报（哲学社会科学版），2008，6：61-68.

[290] 杨蓉，杨宇.企业社会责任与核心竞争力[J].华东师范大学学报，2008，5：90-96.

[291] 姚海鑫，陆智强，李红玉.企业社会责任对股东财富影响的实证研究[J].东北大学学报，2007，9（4）：315-320.

[292] 张会芹.政治动因与上市公司社会责任行为——基于汉川地震捐款的证据[D].成都：西南财经大学，2010.

[293] 张兰霞，袁栋楠，牛丹，金越.企业社会责任对财务绩效影响的实证研究——以我国上市公司为研究对象[J].东北大学学报，2011，32（2）：292-296.

[294] 朱文忠.商业银行企业社会责任标准与机制研究[D].广州：中山大学，2008.

[295] 周长辉.二手数据在组织管理学研究中的使用[A]//陈晓萍，徐淑英，樊景立.组织与管理研究的实证方法[C].北京：北京大学出版社，2008：178-198.

[296] 周雪光.组织社会学十讲[M].北京：社会科学文献出版社，2009.

后 记

本书是在我博士论文的基础上修改完成的,在书稿付梓之际,五年的博士生活又浮现在眼前——焦虑、挣扎、思考、收获、欣喜、满足……种种情感涌上心头,恍如昨天刚刚发生。一路走来,周围的老师、同学、同事、家人都给予我无私的帮助和鼓励,使我能够在学术的道路上坚持下来。

我要特别感谢恩师徐二明教授。感谢老师一直以来的严格要求,一直以来的启发和鼓励,激励着我不断前进。在学术上,老师严谨治学、勤奋钻研,站在学术研究的最前沿;在生活中,老师幽默睿智、随和豁达,常常在谈笑风生中让我明白很多人生的道理。在我研究选题最困惑和迷茫的时候,徐老师紧扣国际学术前沿,从制度理论的最新发展动向帮我确定了研究的方向;在本书写作和修改过程中,徐老师的细心指导和耐心帮助,使我在面对困难的时候重拾信心去解决问题。徐老师将我这个对学术懵懵懂懂的学生引入科学研究的殿堂,让我发现了这样一个充满新奇和挑战的世界,学术将成为我一生为之奋斗的事业!

感谢导师带领的研究团队,包括已经毕业的和正在攻读学位的所有师兄师姐和师弟师妹们,以及我真诚可爱的同学们。谢谢你们对我的支持和帮助、给我的安慰和鼓励,能够收获你们的友情是读博期间令人十分高兴的事。我会珍惜我们的同窗之缘,愿我们的友情能成为彼此一辈子的珍藏!

回头思考走过的路,我才发现,其实本书的写作过程不过是我学术生涯的开始,在这段旅途中,最大的收获就是学会了如何去面对困难、去解决问题、去实现自己的成长。我想在学术的路上还会有更艰辛的旅程和更险峻的山峰,但是,有了不断学习、勇于追求的精神,终会学有所得。

感谢所有在我研究道路上给予我帮助、关心和照顾的人!包括我的家人,让我全身心地投入到学术研究中,对于你们,就一切尽在不言中了!感谢我的母校——中国人民大学,感谢中国人民大学商学院的各位老师、同学和朋友,我会永远记得母校、记得你们,谢谢你们一路的陪伴、鼓励和支持!祝大家平安幸福!

本书在写作过程中参考引用了大量中外学者的研究成果,也在此表示感谢。限于时间和水平,书中难免有不足之处,恳请读者批评指正。

朱 蓉

2013 年 7 月 20 日

于北京